Felicitas Zeitz

Leseförderung mit Erzähltexten aus dem Schüleralltag

Materialien zur Steigerung der Lesekompetenz
5./6. Klasse

Die Autorin: Felicitas Zeitz arbeitete als Grundschullehrerin und war zuletzt Schulleiterin an einer Grundschule.

Gedruckt auf umweltbewusst gefertigtem, chlorfrei gebleichtem und alterungsbeständigem Papier.

5. Auflage 2018
© 2009 Persen Verlag, Hamburg
AAP Lehrerfachverlage GmbH
Alle Rechte vorbehalten.

Grafik: Nataly Meenen
Satz: MouseDesign Medien AG, Zeven

ISBN 978-3-8344-**3399**-2

www.persen.de

Inhaltsverzeichnis

Didaktisch-methodischer Kommentar

In den letzten Jahren werden von Lehrkräften aller Schularten und Altersstufen oft mangelnde Lesefähigkeiten ihrer Schülerinnen und Schüler beklagt. Nur durch gezieltes Lesetraining kann dieses Problem langfristig bewältigt werden. Da im privaten Umfeld vieler Schülerinnen und Schüler leider immer weniger Anregungen zum Lesen erfolgen, muss die Schule diese Aufgabe verstärkt wahrnehmen.

Um eine dem Alter angemessene Lesekompetenz zu erreichen, ist es notwendig, die Schülerinnen und Schüler mit Lesestrategien vertraut zu machen, die ihnen beim Textverständnis helfen. Es muss ihnen zur Selbstverständlichkeit werden, ihr Repertoire an erlernten Lesestrategien bei der Texterschließung anzuwenden, eventuell auch unbewusst.

Lernziele sind, dass die Schülerinnen und Schüler
▷ den Text gegebenenfalls noch einmal überfliegen,
▷ Schlüsselwörter bestimmen können,
▷ in der Lage sind, Fragen zum Text zu beantworten,
▷ Verknüpfungen und Zusammenhänge erkennen,
▷ Unverstandenes nicht mehr ignorieren,
▷ die Scheu verlieren, nach unbekannten Begriffen zu fragen,
▷ aus eigener Initiative Wörter in Lexika nachschlagen,
▷ Abschnitte oder den gesamten Text kurz zusammenfassen können,
▷ befähigt sind, die Aussage der Inhalte zu bewerten.

In den Arbeitsblättern zu den Geschichten werden die effizienten Lesestrategien trainiert. Außerdem wird Wert darauf gelegt, dass die Arbeit am Text mit Wortschatzerweiterungen verbunden ist.

Um intentionsgeleitetes Lesen zu erreichen, sind die Geschichten auf die altersspezifische Zielgruppe zugeschnitten und in der Lebenswelt der Kinder angesiedelt (Schule, Elternhaus, Freundeskreis). Sie greifen Themen auf, die für Kinder dieser Altersstufe relevant und fesselnd sind. Die Schülerinnen und Schüler erleben die beiden Hauptakteure, Jasper und Jule, in vielfältigen Alltags- und Konfliktsituationen. Der unterhaltsame, spannende, mitunter amüsante und immer lehrreiche Tenor der Geschichten soll den Kindern die Erfahrung vermitteln, dass Lesen auch vergnüglich sein kann.

Auf der pädagogischen Ebene behandeln die Geschichten Inhalte, die es den Kindern ermöglichen, sich altersgerecht mit ihrer sozialen Umwelt auseinanderzusetzen.
In diesem Sinne stellen die Geschichten eine Art multifunktionales Unterrichtsmaterial dar, das neben der gezielten Leseförderung in vielfältiger Weise auch lehrplanergänzend eingesetzt werden kann.

Wesentliche Inhalte hierbei sind die Bewältigung eskalierender Konfliktsituationen (in *Rache ist salzig*) sowie die Themen Freundschaft (*„Das Bernsteinopfer", „Jagd auf einen Panther"*) und Initiative (*„Auf die Plätze – fertig – los!", „Mädchen-Power"*). In den Erzählungen *„Ein Dieb wird gesucht", „Ferien mit der Tonne", „Unter Verdacht"* und *„Die Neue"* geht es darum, wie man in eine Haltung der Ausgrenzung hineinrutscht und was gegen Vorurteile und Vorverurteilungen unternommen werden kann. Wie geht man mit Schuldgefühlen um und was kann Wiedergutmachung bedeuten – das sind die Schwerpunkte in den Geschichten *„Jaspers schwerer Gang", „Unfreiwilliges Fitnessprogramm"* und *„Wiedergutmachung"*. Gewaltprävention, das Erlernen von Frustrationsto-

F. Zeitz: Leseförderung mit Erzähltexten aus dem Schüleralltag
© Persen Verlag

leranz, Zivilcourage und Solidarität sind weitere altersrelevante Themen, die den Kindern in leicht zugänglicher Weise über die Geschichten nahegebracht werden.

Die den Geschichten beigefügten pädagogischen Lernfragen sollen den Lehrerinnen und Lehrern nicht nur als Instrument der Verständniskontrolle dienen. Sie helfen auch, auf Grundlage der Geschichten Unterrichtsdiskussionen fachgerecht anzuregen. Ergänzt wird dies durch Denkaufgaben, die besonders auf die Entwicklung eines mathematischen und schlussfolgernden Denkens ausgerichtet sind. Die Geschichten des Lesetrainings sind also ein Lehrmittel, das auf eine möglichst ganzheitliche Intelligenzförderung zielt und darin den Forderungen moderner Pädagogik entspricht.

Als Texte, die eine umfassende Förderung auf unterschiedlichem Anspruchsniveau zulassen, können die Geschichten sowohl im Regelunterricht als auch im Förderunterricht eingesetzt werden. Die Arbeitsblätter zu den Texten sind dabei so konzipiert, dass die Lehrerinnen und Lehrer im Rahmen einer inneren Differenzierung die Leistungsfähigkeit einzelner Schülerinnen und Schüler individuell berücksichtigen können.

Der Lösungsteil ist für die schnelle Ergebniskontrolle vorgesehen.

Ich wünsche allen Lehrerinnen und Lehrern viel Erfolg mit den Lesetrainings-Geschichten.

Felicitas Zeitz

Jule befindet sich in einer unmöglichen Situation. Sie hockt unter dem Spültisch in der Schulküche. Neben sich einen Eimer mit einem stinkenden Putzlappen.

Dabei hatte das Schulfest heute so gut angefangen, denkt sie.

Jede Klasse musste sich etwas ausdenken. Und ihre Klasse hatte ein Theaterstück aufgeführt. Nach dem Spiel waren alle Schauspieler ganz überwältigt von dem tosenden Beifall gewesen. Drei Mal mussten sie sich verbeugen. Wunderbar! Anschließend war Jule schnell mit den anderen Mädchen in den Werkraum gelaufen, um sich umzuziehen, denn sie wollten auf keinen Fall die Zirkusnummer der Klasse 6b versäumen.

Als Jule sich endlich aus ihrem engen Kostüm gequält hatte, waren die anderen schon längst auf dem Schulhof.

Barfuß und in Unterwäsche hatte Jule verzweifelt nach ihren Sachen gesucht. Schließlich war ihr wieder eingefallen, dass sie sich ja nebenan in der Schulküche umgezogen hatte.

Also war Jule in den Nebenraum gehuscht und hatte ihre Kleidung auf den Arm genommen. Doch genau in diesem Augenblick waren Stimmen zu hören gewesen, Jungenstimmen.

Ohne zu überlegen, war Jule blitzschnell hinter dem Vorhang unter dem Spültisch verschwunden.

Dort sitzt sie nun und hört das Gepolter und Geschrei der Jungen. Offensichtlich die Schüler der 6b, die sich für ihre Zirkusnummer umziehen.

Was soll ich nur machen, überlegt Jule. Wäre schon peinlich, wenn die Jungs sie in Unterwäsche erwischen würden.

Die Jungen lassen sich Zeit, albern herum und brüsten sich mit ihren akrobatischen Fähigkeiten.

„Übrigens, Stefan, pass bloß auf, dass du diesmal den Sprung über die Bank richtig hinkriegst. Nicht, dass du wieder hinfällst."

Allgemeines Gelächter.

„Sonst lass mich das lieber machen, dann klappt's wenigstens", hört Jule die Stimme von Ronny Strehle. Ausgerechnet Ronny! Ronny, der Angeber mit seinem Superman-T-Shirt.

Jule merkt, dass Ronnys Angeberei ihr echt auf die Nerven geht. Nicht genug, dass Ronny bereits ausgewählt worden war, den Luftballon-Start anzusagen. Jetzt muss er natürlich unbedingt Stefan auch noch die Show beim Sprung über die Bank stehlen!

Plötzlich hört Jule die vertraute Stimme ihres Zwillingsbruders.

„Ist Jule hier irgendwo?", fragt Jasper.

„Jule? Nö! Oder sieht einer von uns hier etwa aus wie Jule?"

Jasper stöhnt auf. „Wahnsinnig witzig!"

„Er denkt wahrscheinlich, wir hätten sie hier versteckt", sagt Ronny. „Guck doch mal in den Schränken nach, Jasper-Kasper!"

Jule schlägt das Herz bis zum Hals.

„Lasst den Quatsch!", sagt Jasper, „wir suchen sie schon überall. Sie ist einfach wie vom Erdboden verschwunden."

„Mir kommen gleich die Tränen", höhnt Ronny mit weinerlicher Stimme. „Armer Jasper, hast du dein Schwesterchen verloren? Das tut mir aber leid!"

„Ach, halt doch die Klappe, du Spinner!", sagt Jasper. Dann wird mit einem lauten Knall die Tür zugeschlagen.

Jule merkt, wie sie immer nervöser und unruhiger wird. Die anderen suchen bereits nach ihr. Klar, schließlich hatte sie sich ja auch mit ihrer Freundin Rike zusammen freiwillig für den Losverkauf der Tombola gemeldet. Von dem Erlös sollen 299 Euro für eine neue Tischtennisplatte ausgegeben werden. Den Großteil aber soll die Schule in Nicaragua erhalten, ihre Patenschule.

Und all die coolen Sachen, die von den Eltern für die Verlosung gespendet worden waren, denkt Jule. Sie aber ist nicht da, um die verdammten Lose zu verkaufen! Dabei hatte der Förderverein sogar ein paar echte Schätze eingefahren von irgendwelchen Geschäftsleuten. Das Fahrrad mit der 7-Gang-Schaltung zum Beispiel. Rike wird stinksauer auf sie sein.

Ungeduldig lauscht Jule dem Gekicher und Gepolter der Jungen. Sie muss raus aus diesem Versteck, weg von hier. Aber wie? Wenn sie nun einfach hinter dem Vorhang hervorkriechen, kurz ‚Hallo!' rufen und im Nebenraum verschwinden würde?

Nein, unmöglich! Absolut unmöglich!

Jule hat keine Lust, sich von den Jungen verspotten zu lassen.

F. Zeitz: Leseförderung mit Erzähltexten aus dem Schüleralltag
© Persen Verlag

Inzwischen kann sie allerdings den Gestank des Putzlappens kaum noch aushalten.

Als sie kurz davor ist, einfach auszubrechen, hört sie plötzlich, wie eine Tür geöffnet wird.

„Los, Kinder! Wir sind dran!" Das ist die Stimme von Frau Beckstein, der Sportlehrerin.

Noch nie war Jule so begeistert, eine Lehrerin zu hören, wie in diesem Augenblick.

Die Jungen rennen raus.

Vorsichtshalber wartet Jule noch ein paar Sekunden, weil sie nicht weiß, ob wirklich schon alle draußen sind.

„Was machst du denn da mit Stefans Hose?", hört sie auf einmal Malte Seifert fragen.

„Ach, nichts, vergiss es!", murmelt Ronny.

„Wieso steckst du Stefans Hose hinter die Heizung?", fragt Malte.

„Wär' doch echt 'n Joke, wenn Stefan heute mal ohne Hose nach Hause gehen müsste, oder? Aber, sag's keinem. Wehe, du verrätst was!"

Malte murmelt etwas Unverständliches. Dann hört Jule, wie die beiden hinter sich die Tür zumachen.

Endlich! Jule ist jetzt sicher, allein zu sein und springt aus ihrem Versteck. Hastig zieht sie ihre Sachen an. Doch bevor sie zu den anderen nach draußen rennt, angelt sie Stefans Hose hinter der Heizung hervor. Dann nimmt sie Ronnys Superman-T-Shirt und knallt es in den Putzeimer zu dem stinkenden Lappen.

„Wär' doch auch 'n Joke, was meinst du Ronny?", murmelt Jule halblaut und läuft gutgelaunt nach draußen.

Auf dem Schulhof haben sich schon alle vor der Bühne versammelt und sehen sich die Zirkusnummer an.

Gar nicht schlecht, was die Jungs da zeigen, denkt Jule. Gespannt wartet sie auf Stefans Auftritt. Als ihm der Sprung über die lange Bank tadellos gelingt, sieht sie zu Ronny hinüber. Der hat eine gleichgültige Miene aufgesetzt.

Na, du wirst dich heute noch wundern, Ronnyboy, denkt Jule und grinst vor sich hin.

Nach der Vorstellung wird Jule heftig am Arm gezogen.

„Wo bleibst du denn, du alte Schlafmütze!", schimpft Rike.

„Wenn du wüsstest, was mir passiert ist", erwidert Jule.

„Erzähl's mir später. Jetzt hilf lieber beim Losverkauf!"

Es wird ein toller Erfolg.

Noch bevor das Schulfest beendet ist, haben sie 936 Lose für jeweils 1,50 Euro verkauft.

Jasper und sein bester Freund Manni kommen dazu.

„Wie viel bleibt denn für die Patenschule übrig?", will Manni wissen.

Rike wendet sich an Jule: „Das rechne du mal alleine aus! Weil du mich heute Morgen so lange im Stich gelassen hast."

Seufzend nimmt Jule einen Zettel und beginnt zu rechnen.

Sie wird aber unterbrochen, weil ihr ein Luftballon in die Hand gedrückt wird. Der große Luftballon-Start zum Festende soll beginnen.

Doch wo ist Ronny? Frau Beckstein sucht ihn verzweifelt. Schließlich erscheint er mit nacktem Oberkörper und verdrossenem Gesicht.

„Was fällt dir denn ein? Zieh dir sofort dein T-Shirt an!" Frau Beckstein ist ärgerlich.

„Das T-Shirt ist weg!", murmelt Ronny kleinlaut.

Kurzentschlossen geht Frau Beckstein zu Stefan Kolberg und zieht ihn auf die Tribüne vor das Mikrofon.

Stefan lächelt: „Okay, seid ihr bereit, Leute? Fünf – vier – drei – zwei – eins – los!"

Fünfhundert Luftballons steigen in den Himmel. Die Zuschauer stoßen begeisterte Rufe aus und klatschen.

Nur Ronny steht mit verdrießlichem Gesichtsausdruck etwas abseits, schlecht gelaunt. Sehr schlecht gelaunt. Jetzt hat Stefan ihm die Show gestohlen.

Wie viel Geld bleibt denn nun für die Patenschule übrig?

Findest du, dass Jule richtig gehandelt hat?

Was hättest du getan, wenn du an Maltes Stelle gewesen wärest?

Beantworte die Fragen mit dem Stiftzeichen in deinem Heft.
Wenn du bei den Aufgaben unsicher bist, überfliege den Text noch einmal.
Bevor du mit den Aufgaben beginnst, unterstreiche im Text die Schlüsselwörter.

1. Fragen zum Text.

    a) Wer sitzt neben dem Putzeimer?
    b) Wie heißt der Angeber?
    c) Wer soll über die Bank springen?
    d) Welche Lehrerin kommt?   die Kunstlehrerin   ①
                                      die Sportlehrerin   ②
                                      die Deutschlehrerin   ③
    e) Was sieht sich Jule auf dem Schulhof an?
    f) Was haben Jule und Rike auf dem Schulfest verkauft?
    g) Wer will wissen, wie viel Geld für die Patenschule übrig bleibt?

2. Wie gehören die Satzteile zusammen? Ziehe Linien zwischen den Kästen.

Jule	darf den Luftballonstart ansagen.
Jules Klasse	versteckt sich unter dem Spültisch.
Klasse 6b	hat ein Theaterstück aufgeführt.
Ronny	sucht seine Schwester.
Stefan	holt die Jungen aus der Schulküche.
Jasper	will eine Zirkusnummer zeigen.
Rike	versteckt Stefans Hose hinter der Heizung.
Frau Beckstein	ist Jules Freundin.

3. Nummeriere die Zeilen in der richtigen Reihenfolge. 1–12

	Jule ärgert sich, weil Ronny sich über Stefans Sprung über die Bank lustig macht.
	Endlich holt die Sportlehrerin die Jungen ab.
	Jule hört, wie Ronny sagt, dass er Stefans Hose verstecken will.
	Ronnys T-Shirt wirft sie in den Putzeimer.
	Plötzlich hört sie die Stimme ihres Zwillingsbruders Jasper.
	Als alle gegangen sind, zieht sich Jule schnell an.
	Er sucht sie, doch die Jungen der 6b haben Jule nicht gesehen.
	Jule versteckt sich in der Schulküche.
	Bevor sie nach draußen geht, holt sie noch Stefans Hose hinter der Heizung hervor.
	Weil Ronny nicht kommt, darf Stefan den Luftballonstart ansagen.
	Sie will nicht von den Jungen gesehen werden.
	Auf dem Schulhof verkaufen Jule und Rike Lose.

F. Zeitz: Leseförderung mit Erzähltexten aus dem Schüleralltag
© Persen Verlag

4. Weitere Fragen zum Text.

    a) Wie heißt Jules Zwillingsbruder?
    b) In welchem Land befindet sich die Patenschule?
    c) Was soll für die eigene Schule gekauft werden?
    d) Wie heißt Jules Freundin?
    e) Wer trägt ein Superman-T-Shirt?
    f) Wer holt die Jungen aus der Schulküche?
    g) Was machen Jule und Rike auf dem Schulhof?
    h) Wer darf den Luftballonstart ansagen?

5. Welche Eigenschaften passen zu Ronny?

	kameradschaftlich		selbstgefällig		angeberisch
	niederträchtig (gemein)		hilfsbereit		mitfühlend

6. Ordne die Synonyme (Begriffe mit gleicher oder ähnlicher Bedeutung) den Ausdrücken zu.

verschämt – perfekt – erwartungsvoll – Verkleidung –
Spaß – missmutig – turnerisch – Glücksspiel – beleidigt

TIPP! Benutze ein Synonym-Wörterbuch.

Kostüm	
Tombola	
Joke	
akrobatisch	
gespannt	
tadellos	
verdrossen	
kleinlaut	
verdrießlich	

7. Jule muss dafür sorgen, dass Ronny sein T-Shirt wiederbekommt.
Wie würdest du das machen?

8. Ronny hat herausgefunden, dass Jule sein T-Shirt versteckt hat. Als er sie auf dem
Schulhof trifft, entwickelt sich ein Streitgespräch. Denk dir so ein Streitgespräch aus.

Ronny	**Jule**
(versuche, richtig frech und gemein zu sein)	(versuche, vernünftig zu argumentieren)

———————————————   ———————————————

             :   :

Borussia, 'ne Gurkentruppe? Ungläubig steht Jasper am Rand des kleinen Fußballplatzes auf dem Schulhof und kann einfach nicht fassen, was Sergej da eben gesagt hat.

„Der HSV dagegen ...", fährt Sergej fort, wird aber von Beppo Pahl unterbrochen.

„Deine blöden Hamburger sehen doch alt aus gegen Dortmund!", ruft Beppo und baut sich vor Sergej auf.

„Dass ich nicht lache. Die Dortmunder können ja noch nicht mal 'nen Elfmeter verwandeln!", spottet Sergej.

Damit hat er in eine Wunde gestoßen, denn tatsächlich hatte Dortmund am letzten Spieltag einen Elfmeter vergeben und damit den Sieg verspielt.

Jetzt flippt Beppo richtig aus: „Du hast ja keine Ahnung, du dämlicher Russe!", brüllt er, „geh doch zurück nach Sibirien!"

Jasper schluckt. Mit einem unguten Gefühl sieht er, wie Sergejs Gesicht rot anläuft.

„Ich bin kein Russe, ich bin Deutscher", stößt Sergej mit gepresster Stimme hervor.

„Jetzt fängt er auch noch an zu heulen!", höhnt Beppo und wendet sich mit breitem Grinsen Jasper zu.

Einen Moment lang starrt Sergej Beppo an. Dann dreht er sich um und läuft davon.

„Den mach ich fertig!", brummt Beppo. „Der soll bloß nicht denken, er könnte hier 'n Lauten machen."

*****

Als Sergej nach dem Unterricht seine Jacke holt, fischt Beppo Sergejs heiß geliebte HSV-Federmappe aus dessen Schultasche und wirft sie Jasper zu.

„Schnell, weg mit dem Teil!"

Einen Moment lang steht Jasper einfach nur da und starrt die Mappe an, samt HSV-Logo und den drei Autogrammen irgendwelcher HSV-Spieler. Dann aber, ohne wirklich darüber nachzudenken, lässt Jasper die Mappe in seinem Turnbeutel verschwinden.

Als Sergej weg ist, will Jasper die Mappe Beppo geben. Aber der ist verschwunden.

Jasper hastet nach draußen und rennt zur Bushaltestelle. Tatsächlich steht Beppo dort und schaut gelangweilt in die Gegend.

„Hier, nimm!" Jasper hält ihm die Federmappe vor die Nase.

„Was soll ich mit dem Teil?", knurrt Beppo.

„Echt jetzt mal, ist doch wohl völlig egal, wer die Mappe versteckt", meint er. „Hauptsache, der Sergej ärgert sich."

Jasper hat kein gutes Gefühl bei der Sache. Aber warum musste Sergej auch ausgerechnet gegen Borussia Dortmund herziehen.

Jetzt ist schon eine Woche vergangen und die Federtasche steckt immer noch in Jaspers Turnbeutel.

Zuerst hatte es ziemlich viel Theater gegeben. Frau Kriegel hatte alle gefragt, ob sie die Federmappe gesehen hätten. Sie wusste ja, dass Sergej ganz traurig über den Verlust war.

Inzwischen ist wohl Gras über die Sache gewachsen. Beppo interessiert das alles jedenfalls nicht mehr.

Doch Jasper hat immer noch die Mappe. Was soll er nur damit machen?, überlegt er.

„Soll ich sie einfach irgendwo in der Klasse hinlegen?"

„Auf keinen Fall!", protestiert Beppo. „Der Sergej hat seine Strafe verdient."

Jasper ist allmählich wütend. Er findet, dass Beppo sich unfair verhält.

Aber Jasper hat mitgemacht, denn schließlich ist Beppo sein Freund. – Oder?

Ein richtiger Freund ist er eigentlich nicht. Eher jemand, mit dem man sich nicht anlegt, weil man sonst sein nächstes Opfer werden könnte.

Jetzt, im Nachhinein, wird Jasper klar, dass er sich eigentlich nur mit Beppo ein bisschen angefreundet hat, weil er insgeheim hofft, dann nicht auch geärgert zu werden.

Jasper weiß nicht mehr weiter. Heute hat er sich schließlich Jule anvertraut.

„Das ist ja wohl der übelste Bockmist, den du da gebaut hast", schimpft sie. „Allein kommst du da nicht mehr raus. Wir müssen Mama einweihen."

Jasper will nicht, doch Jule überredet ihn.

Mit stockender Stimme schildert Jasper seiner Mutter die ganze Geschichte.

Als er schließlich den Kopf hebt, sieht er in Mamas entsetzte Miene. Doch das erwartete Donnerwetter bricht nicht über Jasper herein. Stattdessen sagt seine Mutter: „Es war bestimmt nicht leicht, das alles zuzugeben. Und ich glaube auch, dass es dir leid tut. Es hilft aber alles nichts. Du musst Sergej die Federmappe zurückgeben!"

„Wenn Beppo das sieht, bin ich erledigt!", jammert Jasper.

F. Zeitz: Leseförderung mit Erzähltexten aus dem Schüleralltag
© Persen Verlag

„Deinen sogenannten Freund Beppo Pahl solltest du besser vergessen", meint Mama. „Im Übrigen würde ich dir empfehlen, Sergej die Mappe nach Hause zu bringen. Dann kannst du in aller Ruhe mit ihm reden und ihm auch erklären, wie alles gekommen ist. In der Schule dürftest du dazu keine Gelegenheit haben."

Jasper seufzt. Das wird ein schwerer Gang.

„Bring es hinter dich!", sagt Jule. „Dann kannst du auch heute Nacht wieder besser schlafen!"

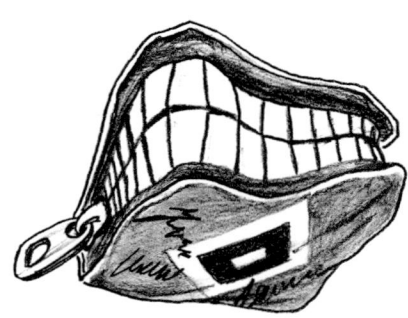

Mit einem unangenehmen Gefühl im Bauch und klopfendem Herzen macht sich Jasper auf den Weg. Zunächst macht er erst mal einen Umweg. Unterwegs überlegt er, wie er vielleicht doch noch anders aus der Sache herauskommen könnte. Doch ihm fällt nichts ein.

Als er nach langem Herumtrödeln schließlich doch vor Sergejs Haustür steht, wäre er am liebsten sofort wieder umgekehrt.

Vielleicht kommt Sergej ja an die Tür, dann kann ich ihm draußen alles erklären, und die Eltern sind nicht dabei, denkt er.

Doch Jaspers Wunsch geht nicht in Erfüllung. Sergejs Schwester Olga öffnet.

„Ist äh ... Sergej da?", fragt Jasper mit heiserer Stimme. Seine Hoffnung, dass Sergej vielleicht gar nicht zu Hause ist, erfüllt sich aber nicht.

„Klar, komm rein!", sagt Olga und geht vor ihm her. Dann schiebt sie ihn in ein Zimmer, in dem die ganze Familie am Abendbrottisch sitzt.

Schlimmer kann es nicht mehr kommen, denkt Jasper und senkt den Kopf.

„Jasper! Was willst du denn?" Sergej ist erstaunt.

Jasper schweigt vor Verlegenheit.

„Ein stummer Besucher", sagt Sergejs Vater nicht unfreundlich.

Jasper schluckt. Dann sprudelt er hervor: „Ich wollte nur Sergej die Federmappe wiederbringen. Ich hab' sie ihm vorige Woche weggenommen. Das heißt, eigentlich nicht ich, sondern ... aber ..." Er weiß nicht mehr weiter.

Schweigen.

Als Jasper Sergejs fassungslosem Blick begegnet, senkt er verlegen den Kopf.

Schließlich steht der Vater auf: „Sergej, komm mal mit. Und du auch!", wendet er sich an Jasper.

Die beiden Jungen folgen dem Vater in den Nebenraum. Dort lässt sich Sergejs Vater alles erzählen. Nachdenklich sieht er Jasper an. „Das ist Diebstahl!"

Jasper rutscht das Herz in die Hose.

„Andererseits hast du die Mappe zurückgegeben", fährt Sergejs Vater fort, „dazu gehört Mut. Du scheinst also doch ein anständiger Junge zu sein."

Jasper schöpft wieder Hoffnung.

„Eine Strafe hast du natürlich verdient!", sagt Sergejs Vater. „Und ich weiß auch schon welche."

Er zieht aus einem Regal einen schmalen Band und drückt ihn Jasper in die Hand. „Das musst du bis heute in einer Woche gelesen haben", sagt er streng. „Es sind nur 126 Seiten. Das kannst du schaffen. Wir unterhalten uns dann darüber."

Erstaunt schaut Jasper das Büchlein an.

,Die Geschichte der Russlanddeutschen' steht da und ,Von Katharina der Großen bis heute'.

Jasper steckt das Buch in die Tasche und wendet sich Sergej zu: „Entschuldige bitte", murmelt er.

Einen Moment lang schaut Sergej Jasper mit ernster Miene an. Doch dann schleicht sich ein Lächeln auf seine Lippen. „Na, wenigstens hab' ich meine Glücks-Federtasche wieder. Da kann ja nichts mehr schief gehen am Wochenende."

Erleichtert atmet Jasper auf und grinst: „Meinetwegen kann Hamburg gewinnen!"

Was meinst du? Wie viele Seiten muss Jasper täglich mindestens schaffen, wenn er das Buch in einer Woche durchgelesen haben will?

Wie hättest du dich Beppo gegenüber verhalten?

Hast du auch schon einmal etwas gemacht, was dir hinterher unangenehm war?

Beantworte die Fragen mit dem Stiftzeichen in deinem Heft.
Wenn du bei den Aufgaben unsicher bist, überfliege den Text noch einmal.
Bevor du mit den Aufgaben beginnst, unterstreiche im Text die Schlüsselwörter.

Fragen zum Text.

1. **Wie heißen die drei Hauptpersonen in dieser Geschichte?**

2. **Trage die Namen ein.**

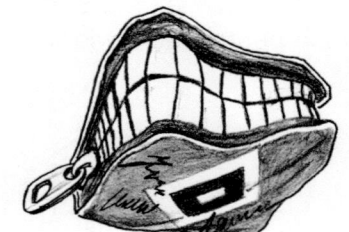

   a) Wer ist HSV-Fan?
   b) Wer ist Borussia-Fan?
   c) Wer hat die Federmappe aus der Schultasche genommen?
   d) Wer hat die Federmappe in seinem Turnbeutel versteckt?
   e) Wem gehört die Federmappe?
   f) Wer bringt die Federmappe seinem Besitzer zurück?
   g) Wer öffnet die Tür?
   h) Wo befindet sich die Familie?

3. **Welches der folgenden Adjektive passt zu den Textstellen? Trage ein.**

verständnisvoll – ängstlich – unfair – verlegen – streng – unschlüssig – versöhnlich - gleichgültig

Textstellen	passendes Adjektiv
Einen Moment lang steht Jasper einfach nur da und starrt die Mappe an.	
„… ist doch wohl völlig egal, wer die Mappe versteckt."	
Beppo interessiert das alles jedenfalls nicht mehr.	
„Wenn Beppo das sieht, bin ich erledigt!", jammert Jasper.	
„Bring es hinter dich!", sagt Jule, „dann kannst du auch heute Nacht wieder besser schlafen!"	
Schlimmer kann es nicht mehr kommen, denkt Jasper und senkt den Kopf.	
„Das ist Diebstahl!"	
„Na, wenigstens hab' ich meine Glücks-Federtasche wieder. Da kann ja nichts mehr schiefgehen am Wochenende."	

F. Zeitz: Leseförderung mit Erzähltexten aus dem Schüleralltag
© Persen Verlag

4. **Wenn Jasper sich nicht getraut hätte, zu Sergej nach Hause zu gehen, hätte er ihm auch einen Brief schreiben können. Versetz dich in Jaspers Situation und schreibe diesen Brief.**

   Lieber Sergej, ...

---

5. **Fasse in einem Satz zusammen, was in der Einleitung der Geschichte geschieht.**

6. **Fasse in einem Satz zusammen, was im Hauptteil geschieht.**

7. **Fasse in einem Satz zusammen, was im Schluss geschieht.**

8. **Wie beurteilst du Jaspers Verhalten gegenüber Beppo?**

   ① Jaspers Verhalten ist verständlich, denn Beppo scheint ein rachsüchtiger Junge zu sein.
   ② Jasper ist Beppo gegenüber zu feige.
   ③ Jasper müsste mehr Verständnis für Beppos Taten haben.
   ④ Jasper hätte sich mehr auf Beppos Seite schlagen und seine Handlungen unterstützen müssen.
   ⑤ Jasper hätte Beppo erklären sollen, dass seine Handlungsweise nicht in Ordnung ist.

9. **Sergejs Vater gibt Jasper als Strafe auf, ein Buch zu lesen. Warum?**

   ① Der Vater ist davon überzeugt, dass Lesen für Jasper eine angemessene Strafe ist.
   ② Sergejs Vater will Jasper gar nicht bestrafen, sondern leiht ihm ein spannendes Buch.
   ③ Der Vater möchte, dass Jasper die Situation der Aussiedler besser versteht.

Jule ist wütend auf Jasper und Manni. Sind die zwei also ohne sie mit den Inlinern losgefahren. Gereizt wirft Jule ihre Haare in den Nacken. Als wenn es ihre Schuld wäre, dass sie sich ein bisschen verspätet hat! Schließlich war doch ihre Freundin Rike der Grund!

Eigentlich heißt Jules beste Freundin Friederike, aber diesen Namen findet sie total altmodisch. Sie ist froh, dass alle sie Rike nennen.

„Es gibt was ganz Wichtiges, das ich dir sagen muss", hatte Rike Jule nach Unterrichtsschluss mit verzweifelter Miene mitgeteilt.

Neugierig war Jule also nach der Schule erst noch mit zu Rike gelaufen.

In ihrem Zimmer hatte Rike sofort die Tür abgeschlossen.

„Nun erzähl schon!", hatte Jule gedrängelt.

Doch Rike hatte es vorgezogen, erst mal mit theatralischem Gesichtsausdruck im Zimmer auf und ab zu laufen.

„Also was jetzt?"

„Es geht um deinen Bruder", hatte Rike schließlich kleinlaut gemurmelt.

„Um Jasper? Was ist mit ihm?"

Rikes Kopf war hochrot angelaufen. „Er ist irgendwie ... süß."

Jasper, süß? Wie süß Jasper wirklich ist, denkt Jule jetzt, das zeigt sich zum Beispiel daran, dass er nicht auf mich gewartet hat. Und das trotz Verabredung!

Jule ist so wütend, dass sie Rache schwört.

*****

Pünktlich zum Abendessen erscheint Jasper gutgelaunt und selbstgefällig. Er berichtet, wie cool das Inlineskaten war und wen sie alles in der Stadt getroffen haben.

Jule tut so, als interessiere sie das alles nicht.

„Habt ihr eigentlich eure Aufsätze fertig?", fragt Mama.

„Natürlich! Und diesmal hatte ich eine echt krasse Idee", sagt Jasper mit vollem Mund.

„Lies doch mal vor!", ermuntert ihn Papa.

Jasper wischt sich die Hände an der Serviette ab und läuft in sein Zimmer. Doch auf dem Schreibtisch liegt sein Heft nicht. Hatte er es schon wieder in die Schultasche gesteckt?

Da ist es auch nicht.

Jasper durchsucht sein Zimmer bis in alle Ecken. Sieht auch vorsichtshalber in Jules Zimmer nach. Ohne Erfolg.

„Na, dann wird dir wohl nichts anderes übrig bleiben, als den Aufsatz noch mal zu schreiben", sagt Papa. „Die gute Idee wirst du ja noch

behalten haben."

Mit hängendem Kopf trottet Jasper in sein Zimmer zurück und macht sich erbittert an die Arbeit.

Eine ganze Weile lässt Jule ihn so schreiben. Dann knallt sie ihm sein Heft auf den Schreibtisch.

„Wo hast du das denn her?", ruft Jasper.

„Was weiß ich? Lag plötzlich auf meinem Sofa."

„Da hab' ich doch eben nachgesehen!"

„Hab' wohl aus Versehen ein Kissen drübergelegt", erklärt Jule mit breitem Grinsen. „Kann ja mal vorkommen."

Jasper sieht seine Schwester an. „Mach dein Testament!", flüstert er.

Am nächsten Morgen stehen beide noch immer mit Wut im Bauch auf. Kein Wort sprechen sie miteinander. Auch nicht auf dem Schulweg.

Vor der Klasse hängen die beiden ihr Jacken an die Haken. Plötzlich klopft Jasper Jule kräftig auf den Rücken und sagt: „Na los, du Schnecke, komm schon!"

Jule fährt herum. „Spinnst du jetzt total oder was?"

„War ja klar!" Jasper seufzt. „Da klopft man seiner Schwester zur Versöhnung aufmunternd auf die Schulter und was ist der Dank?"

„Tolle Versöhnung, mir erst mal die Schulterblätter zu brechen!"

Genervt stapft Jule ins Klassenzimmer. Was für ein blöder Tag! Dass Kevin und Malte bei Jules Anblick in prustendes Gejohle ausbrechen, ist auch nicht unbedingt dazu angetan, Jules Laune zu verbessern. Jetzt fangen Susi, Till und Lara auch noch an zu kichern!

„Alles klar bei euch?", fragt Jule und kann aus den Augenwinkeln gerade noch wahrnehmen, wie Jasper den andern irgendwelche Zeichen macht.

Jungs! Kann es etwas Bescheuerteres geben als Jungs?, denkt sie.

„Nanu, ihr seid ja schon so fröhlich", sagt Frau Kriegel in der Tür zum Klassenzimmer. „Sicher,

F. Zeitz: Leseförderung mit Erzähltexten aus dem Schüleralltag
© Persen Verlag

weil ihr euch auf die Mathestunde freut."
Jule verdreht die Augen.

„Na, dann wollen wir gleich mal anfangen!" Frau Kriegel schreibt eine Aufgabe an die Tafel.
Doch das Gekicher hört nicht auf.

„Was steht bei euch denn auf dem Programm?", fragt Frau Kriegel erstaunt. „Witz-Alarm im Klassenzimmer?"

„Nicht auf dem Programm, auf dem Rücken!", kreischt Jonas aus der letzten Reihe.
Die Kinder prusten los.

Verständnislos schüttelt Frau Kriegel den Kopf und wendet sich an Jule. „Du scheinst mir heute die einzig Vernünftige hier zu sein, Jule. Komm doch mal zur Tafel und versuch, die Aufgabe zu lösen."

Jule steht auf und geht nach vorn. Jetzt können sich die andern nicht mehr beherrschen. Gelächter und Gejohle erfüllen den Raum.

„Was ist denn das?", fragt Frau Kriegel und löst ein Papier von Jules Rücken, das dort mit Tesa-Krepp festgeklebt war.

Mit hochrotem Kopf schaut Jule auf den Zettel:

> Die Jule heute aufgestylt –
> Was kann denn das bedeuten?
> Wenn sie zu ihrem Robin eilt, hört
> man die Hochzeitsglocken läuten!

„Kein schöner Scherz!", meint Frau Kriegel mit ernster Miene. „Obwohl – zumindest das Versmaß passt ja halbwegs."

*****

Den Heimweg macht Jule allein.
Zu Hause steht Mama in der Küche und füllt gerade Nudeln mit Tomatensoße auf zwei Teller. Jaspers Lieblingsessen.

„Fangt schon mal an, damit es nicht kalt wird. Ich muss erst noch den Salat fertig machen", sagt Mama.

Doch anstatt Jasper ins Esszimmer zu folgen, holt sich Jule schnell Mamas Handy und ruft die eigene Nummer an.

Als das Telefon klingelt, spricht sie laut in den Hörer: „Ja, okay. Ich hole ihn."
Sie eilt ins Esszimmer. „He, Jasper, Manni ist am Telefon!"
Jasper trottet in den Flur.

Schnell schüttet Jule den halben Inhalt des Salzstreuers über Jaspers Nudeln.

„Toller Scherz, dieser Anruf!", murmelt Jasper, während er ins Esszimmer zurückkommt.

Eher amüsiert als verärgert wendet sich Jasper seinem Nudelteller zu. Genussvoll dreht er sich einen gewaltigen Nudelklumpen auf die Gabel.

„Das war ja wirklich ein ganz schlimmer Streich!", murmelt er verächtlich, während er sich die Nudeln in den Mund schiebt.

Entsetzt reißt Jasper beide Augen auf. Er spuckt alles wieder aus und schüttelt sich. Dann fällt sein Blick auf Jule.

„Alte Zicke!", brüllt er und stürzt sich auf seine Schwester.

Es wäre ein leidenschaftlicher Kampf geworden. Aber Mama fährt dazwischen.

„Was ist denn hier los?", ruft sie, „ihr seid wohl total übergeschnappt!"

Schluchzend erzählt Jule von dem Zettel und dass Jasper gestern einfach nicht auf sie gewartet hat.

„Und was hast du gemacht?", brüllt Jasper und schildert seiner Mutter die Sache mit dem Salz und mit dem Aufsatzheft.

„So kann das nicht weitergehen", stellt Mama fest. „Ihr seid jetzt quitt. Es wird Zeit, dass ihr euch wieder vertragt."

Die beiden Geschwister schauen bockig vor sich hin.

„Ich werde euch dabei helfen", verkündet Mama. „Erst einmal teilt ihr euch nun Jules Essen. Und da ihr davon natürlich beide nicht satt werdet, spendiere ich jedem noch einen Eisbecher."

Nun huscht doch ein Lächeln über Jules Gesicht und auch Jasper kann sich ein verschämtes Grinsen nicht verkneifen.

Warum hat Jasper Jule auf den Rücken gehauen?

Was hätten Jasper und Jule tun müssen, um zu verhindern, dass der Streit zwischen ihnen immer schlimmer wird?

Beantworte die Fragen mit dem Stiftzeichen in deinem Heft.
Wenn du bei den Aufgaben unsicher bist, überfliege den Text noch einmal.
Bevor du mit den Aufgaben beginnst, unterstreiche im Text die Schlüsselwörter.

1. Fragen zum Text.

a) Wer ist mit Inlineskatern in die Stadt gefahren?
b) Wer versteckt den Aufsatz?
c) Wer nimmt den Zettel von Jules Rücken?
d) Was essen die Kinder zu Mittag?
e) Was schüttet Jule in Jaspers Essen?
f) Was spendiert ihnen die Mutter?

2. Welche Mitschüler werden in der Geschichte erwähnt?

① Saskia   ② Till   ③ Malte   ④ Sergej   ⑤ Susi   ⑥ Kevin   ⑦ Sevim   ⑧ Lara

3. Fülle die Lücken in dem unvollständigen Text aus.

Jule hat sich über _____ geärgert. Darum versteckt sie sein _____.

Darüber ist Jasper so _____, dass er sich _____ will. Auf dem

Schulweg _____ sie kein Wort _____. Heimlich _____

Jasper einen Zettel auf Jules _____. Als Jule liest, was auf dem Zettel

_____, schwört sie _____. Mit einem Trick gelingt es ihr,

dass _____ an's _____ geht. Während seiner Abwesenheit

_____ sie ihm _____ über sein Essen. Die beiden vertragen

sich erst wieder, als die _____ eingreift und ihnen zwei _____

spendiert.

4. Um welche literarische Form handelt es sich bei dem Text?

① Roman   ② Bericht   ③ Fabel   ④ Kurzgeschichte   ⑤ Märchen   ⑥ Artikel

5. Vervollständige die Sätze mit deinen eigenen Worten.

Jule ist zu Rike gegangen, weil … .
Als sie wieder nach Hause kommt, stellt sie fest, dass … .
Darüber ist sie so wütend, dass … .
Jasper rächt sich, indem er … .
Jule will es Jasper heimzahlen und … .
Erst als die Mutter eingreift, …

F. Zeitz: Leseförderung mit Erzähltexten aus dem Schüleralltag
© Persen Verlag

6. Ersetze die Wörter aus der Geschichte durch folgende Ausdrücke.

belustigt – sicherheitshalber – eigensinnig – geschockt – verstimmt –
geziert – verlegen – abschätzig – wissbegierig – überrascht

gereizt _____ amüsiert _____

neugierig _____ entsetzt _____

theatralisch _____ verächtlich _____

erstaunt _____ bockig _____

vorsichtshalber _____ verschämt _____

7. Jule erzählt ihrer Freundin, welchen Streich sie Jasper gespielt hat.
Wandele die Textstelle von der Er-Form in die Ich-Form um.

Schreibe im Perfekt (vollendete Gegenwart) oder im Präteritum (Vergangenheit).

Der Er-Erzähler	Jule als Ich-Erzählerin
Jule ruft mit dem Handy die eigene Nummer an. Als das Telefon klingelt, sagt sie laut: „Ja, okay. Ich hole ihn." Sie ruft: „He, Jasper, Manni ist am Telefon!" Jasper trottet in den Flur. Schnell schüttet Jule das Salz über Jaspers Nudeln.	_____ _____ _____ _____ _____ _____ _____

8. Hat die Lehrerin richtig reagiert? Was meinst du?

① Ja. Es war für Jule besser, nicht viel Theater um die Sache zu machen.
② Nein. Sie hätte Jasper bestrafen sollen.
③ Nein. Sie hätte mit den Schülern ausführlich über solche Streiche diskutieren sollen.
④ Nein, denn sie lobt Jasper auch noch für das gelungene Versmaß.

9. Findest du, dass die Mutter sich richtig verhalten hat?

① Nein. Sie hätte zumindest Jule bestrafen sollen, denn man darf kein Essen verschwenden.
② Ja. Sie wollte ihre Ruhe haben.
③ Nein. Die Geschwister hätten die Sache unter sich klären sollen.
④ Ja. So hat sie den beiden geholfen, aus ihrer Trotzhaltung zu kommen.

„Na super!", stöhnt Jasper. „Zwei Wochen Ferien mit der Tonne! Kann's noch schlimmer kommen?"

Jule verzieht gequält das Gesicht. Dann spitzt sie ihren Mund, knickt die Handgelenke ein und quäkt in gezierter Tonlage: „Ich heiße nicht Tonne, sondern Marie-Antonia. Und du hast wieder ganz schmutzige Fingernägel."

Marie-Antonia ist die Tochter von Mamas Schwester Cordula und Onkel Herbert. Eltern können schon gemein sein, ihre Tochter Marie-Antonia zu nennen, denkt Jule. Andererseits passt der Spitzname Tonne auffallend gut zu Tonnes Figur.

„Guck mal Mutti, Jule hat wieder den Ellbogen auf dem Tisch und Jasper hat sich vor dem Essen die Hände nicht gewaschen!"

Ja, so war das damals den ganzen Tag gegangen, als sie ihre Cousine in Kassel besucht hatten. Jasper und Jule waren heilfroh gewesen, als sie wieder nach Hause fuhren. Und nun sollte dieselbe Marie-Antonia für zwei Wochen zu ihnen kommen!

Manni bedauert sie richtig. „Hey, vielleicht können wir die fiese Tonne ja ein bisschen ärgern, damit sie wieder abhaut", schlägt er vor. Doch Jasper winkt ab: „Dann bekommen wir bloß wieder Stress zu Hause."

Jule trifft es am Härtesten, denn die Tonne soll auf der Liege in ihrem Zimmer schlafen. Am liebsten wäre es Mama gewesen, wenn Jule der Cousine auch noch ihr Bett zur Verfügung gestellt hätte. Aber Jule hatte protestiert. Heftig protestiert.

„Sie ist doch schließlich unser Gast", hatte Mama eingewendet, „und Gästen will man es doch immer so angenehm wie möglich machen."

„Mein Gast ist sie nicht!", hatte Jule klargestellt. „Von mir aus kann sie draußen auf der Parkbank schlafen."

Heute ist es nun so weit. Tante Cordula und Onkel Herbert liefern ihre Tochter ab. Die Eltern versuchen, richtig fröhlich zu sein, aber die Tochter zieht ein saures Gesicht.

„Vielleicht freundet ihr euch jetzt richtig an", meint Tante Cordula an Jule gewandt.

Da müsste schon der Mond vom Himmel fallen, ehe ich mich mit so 'ner Zicke anfreunde, denkt Jule.

Als sie am nächsten Tag zusammen zum Freibad gehen, ruft Jasper, „Na los, ihr Trantüten!", und spurtet los.

Jule sofort hinterher. Aber nach kurzer Zeit müssen sie stehen bleiben und auf die Tonne warten. Die hatte nur ein paar Laufschritte gemacht

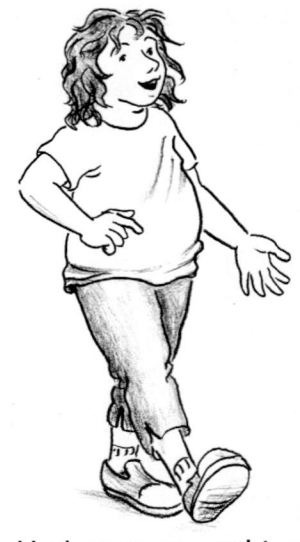

und war dann wieder in ihren langsamen Trott gefallen, als sie merkte, dass sie nicht mithalten konnte.

Auch im Freibad geht die Tonne nur einmal kurz ins Wasser. Dann sitzt sie stumm auf der Wiese herum und beteiligt sich nicht an den Spielen der Anderen.

„Na, das ist ja 'ne Stimmungskanone!", stöhnt Rike.

Und genauso geht es in den nächsten Tagen weiter.

Inline-Skaten kann die Tonne nicht. Beim Beachvolleyball steht sie nur wie angewurzelt auf ihrem Platz, weit entfernt davon, die Regeln zu kapieren. Und was das Basketballspiel mit der Clique im Park angeht – da rennt sie planlos und mit hochrotem Kopf auf dem Feld hin und her. Allmählich schämen sich Jasper und Jule richtig für ihre Cousine.

Am Sonntagmorgen fragt Mama nach dem Frühstück: „Marie-Antonia, möchtest du mir beim Kuchenbacken helfen?" Dankbar sieht die Tonne Mama an und folgt ihr in die Küche.

Jule und Jasper werfen sich einen Blick zu. Sonst war das doch ihr Job gewesen. Teig probieren, die Torte mit Obst belegen und so was. Wird die Tonne jetzt etwa auch noch vorgezogen?

„Habt ihr beiden eigentlich schon mal was von Mobbing gehört?", fragt Papa plötzlich mit ernster Stimme.

„Mobbing? Natürlich!" Jasper verdreht die Augen. „Das ist 'n Buch über so 'nen Wal."

Jule stößt ein verächtliches Schnaufen aus. „Dumm wie zwei Meter Feldweg! Mobbing bedeutet, dass man jemanden, der sich nicht wehren kann, fertigmacht. Schon vergessen?"

„Ach ja, stimmt ja! Das mit Tobias. Weil er lispelt, haben sich Beppo und seine Freunde immer über ihn lustig gemacht. Übelst."

Jule nickt mit grimmiger Miene. „Würde ich nie mitmachen bei sowas!"

„Ach ja?" Papa lässt ein skeptisches Grunzen vernehmen. „Aber das, was ihr mit eurer Cousine macht, ist auch Mobbing!"

„Wieso denn das?", protestiert Jasper. „Das hat sie sich doch selbst zuzuschreiben, so blöd wie sie ist."

„Na, dann erzählt mir doch mal, was sie

F. Zeitz: Leseförderung mit Erzähltexten aus dem Schüleralltag
© Persen Verlag

Schlimmes gemacht hat, seit sie hier ist."
Jasper und Jule überlegen.
„Damals in Kassel ...", setzt Jule an.
„In Kassel?" Papa sieht jetzt ernsthaft ärgerlich aus. „Das ist zwei Jahre her und ihr bemerkt noch nicht mal, dass sie sich verändert hat!"
Jule wirft Jasper einen verlegenen Blick zu, doch Jasper starrt nur verkrampft auf den Boden.
„Denkt einfach mal darüber nach!", sagt Papa, steht auf und geht aus dem Zimmer.

Abends im Bett will die Tonne sich noch mit Jule unterhalten, doch Jule hat keine Lust. Sie dreht sich zur Wand und tut so, als ob sie schliefe.
Plötzlich hört Jule ein unterdrücktes Schluchzen. Sie horcht. Tatsächlich, die Tonne weint.
Am liebsten würde Jule sich jetzt die Decke über den Kopf ziehen und schlafen. Aber es geht nicht.
„Was ist denn los, Tonne?", fragt sie schließlich.
Zuerst kann die Tonne vor lauter Schluchzen gar nicht antworten. Aber dann erzählt sie Jule, wie unglücklich sie ist, weil niemand sie mag.
„Ich weiß einfach nicht, was ich machen soll, damit die anderen mich leiden mögen", sagt sie und wischt sich die Tränen aus den Augen.
„Du musst einfach nur ganz normal nett sein!", erklärt Jule und setzt sich zu Tonne auf die Liege.
„Und wie ist normal nett?"
Das kann Jule auch nicht beschreiben.
„Wenn ich morgen wieder was falsch mache, könntest du es mir sagen", schlägt die Tonne vor. „Am besten abends, damit die anderen es nicht hören."
„Okay!", sagt Jule. Und dann gibt sie ihrer Cousine zum ersten Mal einen freundschaftlichen Schubs.
„Vielleicht solltest du einfach mal was ganz Cooles machen", schlägt Jule vor.
Die Tonne lässt die Schultern hängen. „Was ganz Cooles. Leicht gesagt."

*****

Am nächsten Tag ist Freibadwetter. Jasper und Manni laufen schon vor, um das Beachvolleyballfeld zu reservieren. Doch zu spät. Zwei fünfzehn- oder sechzehnjährige Jugendliche sind bereits vor ihnen da.

Enttäuscht wenden sich die Freunde ab, als plötzlich die Tonne vortritt und zu den Jugendlichen sagt: „Hey, kann man bei euch noch mitspielen?"
Die Jugendlichen schauen sich an. „Klar, warum nicht?"
„Bist du sicher, dass du bei denen mitspielen willst?", fragt Jule unsicher.
„Ich?" Die Tonne schüttelt den Kopf. „Bin ich lebensmüde? Aber ihr."
So kommt es, dass Jasper und seine Freunde – erst ein bisschen unsicher, dann immer entspannter – mit den Jugendlichen Volleyball spielen.
Jule und die Tonne holen sich in der Zwischenzeit Limonade am Kiosk. Und nach einer spontanen Idee von Tonne, schnappen sie sich gleich noch zwei Plastikstühle aus dem Café. Da sitzen sie nun, trinken Limo, sonnen sich und schauen den anderen beim Volleyballspielen zu.
„Du, Tonne", sagt Jule wie beiläufig, „wenn dich der Spitzname irgendwie nervt, dann könnten wir natürlich auch Tonia zu dir sagen."
„Tonia ist okay", sagt Tonne Tonia. „Bei weitem cooler als Tonne."

*****

Zu Hause merken die Eltern sofort, dass die Stimmung zwischen den Kindern besser ist.
„Wie wär's mit einem Ausflug zur Talsperre?", fragt Papa. „Das können wir uns wohl leisten."
„Wie jetzt? Kostet die Talsperre neuerdings Eintritt?", fragt Jasper.
„Eintritt nicht. Aber immerhin sind es hin und zurück 150 Kilometer. Da unser Auto 10 Liter auf hundert Kilometer verbraucht, kannst du dir ja ausrechnen, wie viel Spritgeld das kostet."
„Was sagst du, Tonia?", fragt Jasper.
Tonia lächelt. „Hört sich gut an. Hört sich sehr, sehr gut an!"

Schau an einer Tankstelle nach, wie viel 1 Liter Super-Benzin kostet. Dann kannst du ausrechnen, wie viel der Treibstoff für den Ausflug kostet.

Hast du schon einmal erlebt, wie jemand gemobbt wurde? Warst du selbst beteiligt?

Was würdest du machen, wenn du ein Mobbing beobachtest, aber nicht damit einverstanden bist?

Beantworte die Fragen mit dem Stiftzeichen in deinem Heft.
Wenn du bei den Aufgaben unsicher bist, überfliege den Text noch einmal.
Bevor du mit den Aufgaben beginnst, unterstreiche im Text die Schlüsselwörter.

1. Fragen zum Text. ✗

   a) Die Tonne ist ① eine Klassenkameradin ② Jaspers und Jules Cousine ③ Jules Freundin
      ④ Jaspers und Jules Tante ⑤ Rikes Freundin ⑥ ein fremdes Mädchen

   b) Die Tonne heißt in Wirklichkeit _____

   c) Warum wird sie Tonne genannt? _____

   _____

2. Erkläre mit eigenen Worten, was folgende Begriffe bedeuten. 🖊️

   a) Cousine
   b) Spitzname
   c) Trott
   d) Mobbing
   e) Talsperre

3. Streiche die Orte, die in der Geschichte nicht vorkommen.

a) Freibad	b) Spielplatz	c) Fußballfeld	d) Schule
e) Wiese	f) Jules Zimmer	g) Volleyballfeld	h) Schulhof
i) Kiosk	j) Klassenraum	k) Wald	l) Park

4. Nummeriere die folgenden Aussagen über den Text in der richtigen Reihenfolge. ①–⑥

Die Kinder ärgern sich darüber, dass die Tonne nicht richtig mitspielt. ◯

Jule versucht, ihrer Cousine zu helfen. ◯

Cousine Marie-Antonia ist zu Besuch. ◯

Die Tonne ist unglücklich darüber, dass niemand sie mag. ◯

Jule schlägt der Tonne vor, sie ab jetzt Tonia zu nennen. ◯

Am nächsten Tag gelingt es der Tonne, für die Freunde ein Volleyballspiel zu organisieren. ◯

5. Die Geschichte lässt sich in fünf Abschnitte einteilen.
Schreibe die Überschriften in der richtigen Reihenfolge auf. 🖊️

   a) Tonnes Kummer   b) Ein Ausflug wird geplant   c) Aus Tonne wird Tonia
   d) Unerwünschter Besuch   e) Die Spielverderberin

F. Zeitz: Leseförderung mit Erzähltexten aus dem Schüleralltag
© Persen Verlag

6. Setze die Satzteile richtig zusammen.

a) Zu Besuch kommt, die sie nicht leiden können, weil ihre Cousine, Jasper und Jule ärgern sich.

b) Dass sich Jasper und Jule für ihre Cousine schämen, bei allen Spielen, stellt sich die Tonne so ungeschickt an, die sich die Freundesgruppe ausdenkt.

c) Wie sie ihrer Cousine helfen kann, erst als der Vater ihnen Mobbing vorwirft, überlegt Jule.

d) Freunden sich die Kinder endlich an, zwei Jugendliche zu überreden, als es der Tonne gelingt, mit Jasper und seinen Freunden Volleyball zu spielen.

7. Kreuze die Aussage an, die du für richtig hälst.

Haben sich Jasper und Jule richtig verhalten, als ihre Cousine zu Besuch kam?

① Ja, denn die Cousine hat sich beim Treffen mit ihren Freunden ziemlich blöd angestellt.
② Nein, denn sie hätten erkennen müssen, dass die Tonne unglücklich ist.

Hat sich der Vater richtig verhalten, als er seine Kinder auf Mobbing aufmerksam macht?

① Nein. Es ist besser, wenn sich die Eltern nicht einmischen.
② Ja. Als Beobachter konnte er die Situation besser einschätzen.

8. Als Tonia wieder zu Hause ist, schreibt sie Jule einen Brief. Versetze dich in Tonias Lage und formuliere den Brief.

Nach etlichen Regentagen ist heute strahlendes Wetter und Frau Kriegel verkündet: „Heute solltet ihr unbedingt nach draußen gehen. Ausnahmsweise gibt's mal keine Hausaufgaben."
Die Schüler sind begeistert.
„Dafür gebe ich euch morgen natürlich das Doppelte auf, versteht sich."
Rike und Jule stöhnen auf, doch Jasper ist sich sicher, dass Frau Kriegel nur Spaß macht.
„Hey, was gibt's da rumzustöhnen?", ruft Sevim.
„Kann doch nur bedeuten, dass wir morgen auch nichts aufbekommen, oder?"
Während die Kinder noch verblüfft Sevim anstarren, strahlt Frau Kriegel übers ganze Gesicht.
„Sevim, für diese kluge Bemerkung hättest du wahrhaftig eine Belohnung verdient."
Auf Jules Gesicht breitet sich ein Lächeln aus. Und Jasper denkt bereits darüber nach, wie man sich Frau Kriegels Begeisterung morgen am geschicktesten zunutze machen kann.
Nach Schulschluss stehen die Freunde noch ein bisschen am Schultor herum.
„Hey Adrian, kommst du auch heute Nachmittag zum Sportplatz?", fragt Manni.
„Nee, ich muss doch um drei Uhr am Brunnen sein", entfährt es Adrian. Er presst die Lippen aufeinander und wendet sich hastig ab.
„Was willst du denn am Brunnen?" Jasper kommt die Sache komisch vor.
Adrian seufzt. „Ich darf's euch nicht sagen. Aber, macht es euch was aus, wenn ihr heute ... ausnahmsweise mal mit bei mir vorbeigeht?"
„Warum das denn? Ist doch ein Riesenumweg!"
Adrian druckst herum. Schließlich gesteht er: „Ich hab' Angst allein. Da ist so ein großer Junge, der will dauernd Geld von mir. Mein ganzes Taschengeld hab' ich ihm schon gegeben."
„Mensch, Adrian, das darfst du dir nicht gefallen lassen!", sagt Jasper. „Erzähl das doch deinen Eltern."
„Nein, auf keinen Fall! Der Junge hat gesagt, wenn ich irgendjemandem was sage, dann verhaut er mich jeden Tag."
Manni setzt eine finstere Miene auf. „Wenn wir heute mit dir gehen, nützt das auch nichts. Wir können doch nicht jeden Tag diesen Umweg machen."
„Ihr wisst ja noch nicht das Schlimmste. Weil ich kein Geld mehr hab', soll ich die Digitalkamera von meinem Vater klauen. Heute Nachmittag um 3 Uhr wartet der Junge am Brunnen im Park."
Betroffen schauen sich die Kinder an.
„Wenn wir uns in der Nähe verstecken und uns dann alle Mann auf ihn stürzen, lässt er dich

vielleicht in Ruhe", schlägt Manni vor. „Wie heißt der Kerl eigentlich?"
„Keine Ahnung. Ich weiß nur, dass er sich Panther nennt und in die Albrecht-Dürer-Schule geht. Aber mit dem Überfall, das könnt ihr vergessen. Der ist viel zu stark."
„Wenn du deinen Eltern nichts sagen willst, sprich doch mal mit Frau Kriegel. Die kann dir bestimmt helfen", schlägt Jule vor.
„Der Panther würde doch nur einfach alles abstreiten. Ich hab' doch keine Beweise." Adrian hört sich schon richtig verzweifelt an.
„Ich hab' eine Idee!" Robin macht ein geheimnisvolles Gesicht.
Erwartungsvoll sehen ihn die Kinder an. Doch Robin grinst nur, offenbar vor Begeisterung über seinen Einfall.
„Vielleicht kannst du uns deine fantastische Idee mal verraten, Superman", meint Manni schließlich.
„Bei Digitalkamera ist mir was eingefallen", sagt Robin. „Wie wär's, wenn ich mir die Kamera meiner Mutter leihe und den Panther fotografiere, wenn er gerade Geld von Adrian nimmt?"
„Dazu müsste ich erst mal Geld haben", stöhnt Adrian.
„Robins Idee ist klasse. Jeder von uns gibt jetzt etwas Geld. Das lassen wir uns später zurückgeben, wenn der Typ erst mal gefasst ist." Jasper sieht die anderen herausfordernd an.
Seufzend kramen alle in ihren Taschen und drücken Adrian die Münzen in die Hand.
„Fast sieben Euro. Damit müsste er erst mal zufrieden sein", stellt Manni fest.
„Jetzt müssen wir noch genau besprechen, wo wir uns am besten verstecken. Der Panther darf auf keinen Fall Verdacht schöpfen."
„Wir können ruhig ein ganzes Stück weit weg sein", wirft Robin ein, „ich kann ihn mit der Kamera heranzoomen."
Die Idee finden alle gut. „Krimi life", meint Rike.

*****

Kurz vor drei Uhr treffen sich die Freunde im Park. Sie suchen sich ein Gebüsch aus, hinter dem sie gut versteckt sind, den Brunnen aber deutlich sehen können. Um drei Uhr geht Adrian los.
Plötzlich schlendert ein Typ mit Baseballkappe auf Adrian zu. Das muss Panther sein.
„Los, wo hast du die Kamera?", schnauzt er Adrian an.
„Ich konnte die Kamera nicht klauen. Ich weiß nicht, wo mein Vater sie hingelegt hat. Aber ich

F. Zeitz: Leseförderung mit Erzähltexten aus dem Schüleralltag
© Persen Verlag

hab' noch mal Geld für dich." Adrian fasst in seine Hosentasche und streckt Panther die geschlossene Hand hin.

„Nun gib schon her!" Grob greift Panther Adrians Handgelenk und verdreht es so, dass Adrian aufschreit und die Faust öffnet.

Robin ist inzwischen hinter den Büschen hervorgetreten und macht ein Foto nach dem anderen.

Plötzlich dreht sich Panther um und sieht Robin mit seiner Kamera. Er stürzt auf ihn zu. Robin läuft so schnell wie möglich weg, aber die schwere Kamera behindert ihn.

„Los, aufhalten!", ruft Jasper, und die Freunde flitzen hinter den Büschen hervor und stellen sich Panther in den Weg.

„Weg da!" Rüde stößt Panther Lara zur Seite, sodass sie hinfällt. Doch auf der anderen Seite hängen schon Jasper und Manni an ihm. Der Panther schlägt wild um sich und trifft Manni im Gesicht. Sie können ihn nicht halten, aber Robin hat inzwischen hoffentlich genügend Zeit gehabt, nach Hause zu rennen.

„Los, weg hier!" Jule hat Sorge, dass sich Panther womöglich noch einen von ihnen schnappt.

In Windeseile machen sich die Kinder in entgegengesetzter Richtung davon.

*****

Bei Robin treffen sich alle wieder.

„Das war knapp!", meint Till. „Aber wir sind ja noch mal mit einem blauen Auge davongekommen."

„Das kannst du laut sagen", stöhnt Manni und zeigt auf sein Auge, das langsam zuschwillt. Alle lachen.

„Vielen Dank für euer Mitgefühl!", sagt Manni mit Leidensmiene. „Ist wirklich tröstlich, gute Freunde zu haben. Aber jetzt lass mal die Bilder sehen,

Robin!"

Die Freunde versammeln sich um den Computer. „Super!" Alle sind ganz begeistert von den Fotos, die Robin ihnen auf dem Monitor zeigt.

„Damit haben wir ihn!" Jasper boxt Adrian in die Seite.

Am nächsten Tag stehen acht Schüler an Frau Kriegels Pult und erzählen ihr, was geschehen ist.

„Das ist ja eine abenteuerliche Geschichte", meint ihre Lehrerin und schaut voller Mitleid auf Mannis blaues Auge. „Aber es wäre wohl besser gewesen, wenn Adrian sofort mit mir oder mit seinen Eltern gesprochen hätte."

Adrian nickt.

„Na ja, was ihr gemacht habt, war schon ganz schön clever", fährt Frau Kriegel fort, „und natürlich kann ich mit den Fotos zum Schulleiter der Albrecht-Dürer-Schule gehen."

Sie wendet sich an Adrian: „Aber ohne das Einverständnis deiner Eltern geht nichts."

Adrian nickt wieder. So etwas hatte er wohl schon geahnt.

„Dann erzähl ihnen heute Nachmittag alles. Wir können dann gemeinsam zur Dürerschule gehen."

*****

Am nächsten Tag warten sieben Freunde am Brunnen im Park auf Adrian. Endlich erscheint er.

„Wie ist es gelaufen?" Manni sieht Adrian gespannt an.

Adrian strahlt. „Das war 'ne Supershow! Ihr hättet Panthers Gesicht sehen sollen, als er ins Schulleiterzimmer kam. Aber er hat alles zugegeben. Blieb ihm ja auch nichts anderes übrig. Das Geld will er mir in den nächsten Tagen zurückgeben. Seine Eltern werden auch noch benachrichtigt. Ich möchte wirklich nicht in seiner Haut stecken. Und noch mal vielen Dank, dass ihr mir geholfen habt."

„Das war eine unserer leichtesten Übungen." Jasper grinst.

Warum meint Sevim, dass sie am nächsten Tag auch keine Hausaufgaben aufbekommen, obwohl Frau Kriegel das Doppelte angekündigt hat?

Hätte es noch andere Möglichkeiten gegeben, sich gegen Panther zu wehren? Was hättest du gemacht?

Beantworte die Fragen mit dem Stiftzeichen in deinem Heft.
Wenn du bei den Aufgaben unsicher bist, überfliege den Text noch einmal.
Bevor du mit den Aufgaben beginnst, unterstreiche im Text die Schlüsselwörter.

1. Trage die passenden Namen ein.

    a) … behauptet, dass die Klasse am nächsten Tag auch keine Hausaufgaben aufbekommt.
    b) … wird von einem Jungen, der sich Panther nennt, erpresst.
    c) … schlägt vor, die Klassenlehrerin zu informieren.
    d) … hat eine Idee, wie man den Panther überlisten kann.
    e) … fordert die Freunde auf, den Panther aufzuhalten.
    f) … wird bei der Rangelei im Gesicht getroffen.

2. Schreibe die passenden Ausdrücke neben die Textausschnitte.

a) ängstlich	b) triumphierend	c) niedergeschlagen	d) begeistert
e) vorsorglich	f) neugierig	g) erleichtert	h) handgreiflich
i) mahnend	j) einfallsreich	k) beratschlagend	l) brutal

A	„Sevim, für diese kluge Bemerkung hättest du wahrhaftig eine Belohnung verdient."	
B	„Da ist so ein großer Junge, der will dauernd Geld von mir. Mein ganzes Taschengeld hab' ich ihm schon gegeben."	
C	„Der Panther würde doch nur einfach alles abstreiten. Ich hab' doch keine Beweise."	
D	„Ich hab' eine Idee!"	
E	„Jetzt müssen wir nur noch genau besprechen, wo wir uns am besten verstecken. Der Panther darf auf keinen Fall Verdacht schöpfen."	
F	„Weg da!" Rüde stößt Panther Lara zur Seite, sodass sie hinfällt.	
G	Der Panther schlägt wild um sich und trifft Manni im Gesicht.	
H	„Los, weg hier!" Jule hat Sorge, dass sich Panther womöglich noch einen von ihnen schnappt.	
I	„Das war knapp!", meint Till, „aber wir sind ja noch mal mit einem blauen Auge davongekommen."	
J	„Damit haben wir ihn!" Jasper boxt Adrian in die Seite.	
K	„Es wäre wohl besser gewesen, wenn Adrian sofort mit mir oder mit seinen Eltern gesprochen hätte."	
L	„Wie ist es gelaufen?" Manni sieht Adrian gespannt an.	

F. Zeitz: Leseförderung mit Erzähltexten aus dem Schüleralltag
© Persen Verlag

3. Kreuze die richtigen Aussagen an.

① Die Klasse bekommt heute keine Hausaufgaben auf.
② Adrian wird von einem großen Jungen erpresst.
③ Robin hat eine gute Idee.
④ Jasper will sich die Digitalkamera seiner Mutter ausleihen.
⑤ Panther wartet auf dem Sportplatz.
⑥ Die Freunde verstecken sich in einem Gebüsch.
⑦ Jasper rennt mit der Kamera nach Hause.
⑧ Till wird von Panther im Gesicht getroffen.
⑨ Die Fotos beweisen Panthers Schuld.
⑩ Panther muss das Geld zurückgeben.

4. Fasse das Geschehen für jeden Teil der Geschichte in einem Satz zusammen.

Einleitung: …
Hauptteil: …
Schluss: …

5. Was hätte Adrian selbst tun können, wenn er sich nicht getraut hätte,
seine Freunde einzuweihen?

6. Ersetze die unterstrichenen Wörter durch andere, ohne dass sich der Sinn
des Satzes verändert.

a) Die Klassenkameraden <u>starren</u> Sevim <u>verblüfft</u> an.

_____

b) Adrian presst die Lippen <u>aufeinander</u> und wendet sich <u>hastig</u> ab.

_____

c) Die Freunde sind gut <u>versteckt</u>, können den Brunnen aber <u>deutlich</u> sehen.

_____

d) <u>Plötzlich</u> dreht sich Panther um und <u>entdeckt</u> Robin.

_____

e) Panther muss alles <u>zugeben</u> und das Geld <u>zurückzahlen</u>.

_____

Jasper langweilt sich. Seit drei Tagen Regenwetter!

Er überlegt, ob er zu Manni gehen soll.

Manni heißt eigentlich Manfred, nach seinem Großonkel.

Kürzlich meinte er: „Es ist schon übel, wenn man mit so einem altmodischen Namen leben muss. Aber was soll's? Wenn ich erwachsen bin, werden mich alle sowieso nur noch unter meinem Künstlernamen Money-To-Me kennen."

Manni träumt davon, Rapper zu werden.

Rapper – eigentlich kein richtiger Beruf, denkt Jasper. Er selbst ist da schon realistischer. Er will Astronaut werden.

Im Augenblick jedoch meint es der Himmel, in den er später mal mit einer Rakete hinaufjagen will, gar nicht gut mit ihm. Er schickt nur Regen, Regen, Regen.

Mit Jule ist auch nichts anzufangen. Sie brütet mit Rike zusammen über einem Riesen-Puzzle.

Plötzlich klingelt es. Jasper rennt zur Tür. Manni stürmt herein, schüttelt seine nassen Haare und zieht unter der Jacke eine CD hervor.

Jasper hebt die Brauen. „Dein erstes Rappervideo?"

„Quatsch. Mein neues Computerspiel! Megakrass, sage ich dir!"

Jasper ist gespannt.

Kurze Zeit später sitzt er mit Manni am Rechner und lässt sich das Spiel erklären.

„Wow!" Jasper ist begeistert.

Die beiden Jungen vertiefen sich in das Spiel. Doch nach der siebten Runde hat Manni keine rechte Lust mehr. „Hey, wollen wir nicht lieber Monopoly spielen?", fragt er. „Monopoly macht mehr Bock!"

„Zu zweit?" Jasper hämmert wie verrückt auf der Shift-Taste herum. „Zu zweit ist es doch öde!"

„Ich kann ja mal die Lage bei den Mädchen abchecken", schlägt Manni vor. „Vielleicht haben sie ja Lust."

Während sich Jasper achselzuckend wieder seinem Spiel zuwendet, schlendert Manni durch den Flur zu Jules Zimmer.

Auf dem Fußboden hocken Jule und Rike über einem Puzzle, auf dem schon vage ein Pferd mit Fohlen zu erkennen ist.

„Hat irgendwer Lust, Monopoly zu spielen?", fragt Manni.

„Hast du zufällig schon so 'n rotes Teil von der Satteldecke gesehen?", wendet sich Jule an Rike.

Manni räuspert sich. „Hey, Leute, wir wollen Monopoly spielen", sagt er noch einmal etwas lauter. „Macht ihr mit?"

„Keine Zeit!", sagt Rike über die Schulter, und dann zu Jule: „Hier, guck mal, das vielleicht?"

Mit konzentrierter Miene beugt sich Manni nun ebenfalls über das Puzzle. „So macht man das doch nicht!", murmelt er und stößt einen resignierten Seufzer aus. „Ich zeig euch mal, wie's geht!" Schon beginnt er, die ungelegten Teile in verschiedene Haufen zu sortieren.

„Spinnst du? Du wirfst ja alles durcheinander!"

Manni zuckt mit den Schultern. „Wieso? Ich bringe doch nur Ordnung in die Sache."

„Auf die Ordnung können wir verzichten!", antwortet Jule gereizt.

„Aber so, wie ihr es macht, wird das nichts, das kann ich euch gleich sagen!", erwidert Manni.

„Ach, lass uns doch in Ruhe!", schimpft Jule. Rike nickt.

Kopfschüttelnd erhebt sich Manni vom Boden. „Na gut, dann gehe ich eben wieder. Aber wenn ihr Hilfe braucht, könnt ihr mich gerne rufen."

„Das schaffen wir schon allein, du Angeber!"

„Wer weiß, vielleicht braucht ihr mich doch!" Manni lacht und geht wieder zu Jasper hinüber.

„Na, was ist los da drüben?", fragt Jasper, den Blick gebannt auf den Bildschirm gerichtet.

Manni winkt ab. „Zicken-Alarm, was sonst? Aber, guck mal, was ich mitgebracht habe!"

Mit diesen Worten greift sich Manni mit der Hand in den Ärmel. Plötzlich hält er etwas kleines Rotes in der Hand: Ein Puzzleteil, das er den Mädchen heimlich weggenommen hat.

„Versteck es!", sagt Jasper.

Als wenig später die Tür auffliegt und Jule und Rike ins Zimmer stürzen, sitzen Jasper und Manni am Tisch und spielen friedlich Monopoly.

„Gib sofort das Puzzleteil zurück, du Blödmann!"

„Puzzleteil?", fragt Manni. Den Kopf hebend wirft er den Mädchen einen unschuldigen, treuherzigen Blick zu.

Jules Augen verengen sich zu Schlitzen. „Du weißt genau, was ich meine!"

„Und ich dachte schon, ihr seid gekommen, um

F. Zeitz: Leseförderung mit Erzähltexten aus dem Schüleralltag
© Persen Verlag

mit uns Monopoly zu spielen", schaltet sich Jasper grinsend ein. „Die meisten Straßen sind allerdings schon verkauft. Obwohl ... hier, Jule, du kannst die Badstraße haben!"

„Und Rike kriegt die Turmstraße!", prustet Manni los, während er Rike mit lässiger Geste eine Karte zuwirft.

„Na, warte!", knurrt Jule.

Rike und Jule tauschen einen kurzen Blick aus. Dann stürzen sich beide auf Manni.

„Hey, hilf mir endlich!", ruft Manni Jasper zu.

Doch Jasper steht nur da, mit verschränkten Armen, ein breites Lächeln auf den Lippen. „Wollte schon immer mal wissen, wer stärker ist, ein Junge oder zwei Mädchen."

Die beiden Mädchen haben Manni inzwischen in Richtung Schreibtisch gedrängt.

„Für diesen Test bin ich echt nicht der Richtige!", ruft Manni verzweifelt aus. „Ich hab' doch schon gegen Jule allein keine Chance."

„Rück sofort das Puzzleteil raus!", sagt Rike mit drohender Stimme.

„Okay, okay, ich sag' euch, wo es ist", lenkt Manni ein, die Hände abwehrend nach vorn gestreckt. „Das heißt, ich schreibe es euch auf."

„Aufschreiben? Warum das denn?" Die Mädchen verstehen Manni nicht.

Doch schon hält Manni einen Zettel in der Hand und beginnt zu schreiben.

MI LAGERRECHÜB

Einen Augenblick lang gucken sich die Mädchen verblüfft den Zettel an, dann laufen sie lachend zu dem Versteck.

„Das war viel zu leicht!", meint Jule. „Kannst du keine schwerere Geheimschrift?"

„Wartet, wir machen es euch echt schwer", sagt Jasper, „ihr müsst aber erst wieder rausgehen, damit ihr nicht seht, wo wir das Puzzleteil verstecken."

Die Mädchen verschwinden und die beiden Jungen denken sich eine schwierigere Geheimschrift aus.

Es dauert eine ganze Weile, bis sie die Mädchen rufen können.

Jasper zeigt auf den Zettel.

8	9	14	20	5	18		4	5	13
	22	15	18	8	1	14	7		

Die Mädchen nehmen den Zettel mit in Jules Zimmer. Diesmal brauchen sie doch entschie-

den länger, bis sie den Geheim-Code geknackt haben.

Sie holen das Puzzleteil aus dem Versteck und meinen: „So richtig schwer war das auch noch nicht. Denkt euch noch mal eine Geheimschrift aus."

Wieder gehen Jule und Rike raus und die Jungen knobeln über einer neuen Geheimschrift.

„Ihr könnt kommen!", ruft Jasper.

„Diesen Code knackt ihr garantiert nicht so schnell!", sagt Manni selbstbewusst.

UANBTCEDRE   DFEGMH
TTEJPKPLIMCNHO

Die Mädchen ziehen sich wieder in Jules Zimmer zurück und versuchen, das Rätsel zu lösen.

„Ganz schön schwer!", meint Rike.

Sie sind völlig in ihre Grübeleien vertieft, als Jules Mutter hereinkommt.

„Wie wär's mit frischen Waffeln?", fragt sie.

Die Mädchen haben gar nicht hingehört.

„Was ist los? Seid ihr taub?"

„Mama, hilf uns doch mal! Wir können diese Geheimschrift nicht lesen."

„Das müsst ihr schon selber schaffen, jetzt kommt erst einmal zum Waffelessen."

„Oh Waffeln! Toll!", ruft Rike.

„Sagt den Jungen auch Bescheid!"

Die Kinder stürmen in die Küche und machen sich über die Waffeln her.

„Das mit der Geheimschrift finde ich gar nicht schlecht", meint Mama, „eure Beinmuskeln betätigt ihr draußen genug, nun trainiert ihr mal eure Gehirnzellen."

Hast du alle drei Verstecke gefunden? Benutze eine der drei Geheimschriften, um jemandem in deiner Klasse eine Botschaft zu senden.

Noch schwerer: Denk dir mit deinem Tischnachbarn eine eigene Geheimschrift aus.

Was machst du, wenn du dich zu Hause langweilst?

Beantworte die Fragen mit dem Stiftzeichen in deinem Heft.
Wenn du bei den Aufgaben unsicher bist, überfliege den Text noch einmal.
Bevor du mit den Aufgaben beginnst, unterstreiche im Text die Schlüsselwörter.

1. Fragen zum Text.

    a) Welchen Berufswunsch hat Manni?
    b) Welchen Berufswunsch hat Jasper?
    c) Welche beiden Mädchen kommen in der Geschichte vor?

2. Fülle die Lücken aus.

Jasper langweilt sich, weil es seit drei Tagen _____. Zum Glück kommt sein Freund

_____ und bringt ein neues _____ mit. Zuerst macht

ihnen das Spiel viel _____. Als sie keine Lust mehr haben, versuchen sie

_____ zu überreden, mit ihnen _____ zu spielen. Aber Jule und

Rike wollen lieber an ihrem _____ weiterarbeiten. Heimlich hat Manni den Mädchen

ein Puzzleteil _____. Jasper sagt, er solle es _____. Als die

Mädchen den Diebstahl _____, schreibt Manni ihnen in _____ auf,

wo das Teil _____ ist.

3. Kennst du für die beiden folgenden Begriffe andere Ausdrücke?

    a) Astronaut _____   b) Bildschirm _____

4. Welche beiden Charakterisierungen (Kennzeichnungen) passen zu der Geschichte? ✘

    ① starke Rivalität
    ② freundschaftliches Miteinander
    ③ ausgetragene Feindschaft
    ④ ertragene Langeweile
    ⑤ ideenreiche Freizeitgestaltung
    ⑥ Zusammengehörigkeitsgefühl

5. Verbinde die Synonyme (Begriffe mit gleicher oder ähnlicher Bedeutung) miteinander.

TIPP! Benutze ein Synonym-Wörterbuch.

vertiefen	schelten	vage	fasziniert
sortieren	entgegnen	konzentriert	verschwommen
erwidern	sich versenken	gebannt	arglos
schimpfen	einteilen	treuherzig	aufmerksam

6. Wie gehören die Satzteile zusammen? Ziehe Linien.

A	Während sich Jasper achselzuckend wieder seinem Spiel zuwendet,		beugt sich Manni nun ebenfalls über das Puzzle.
B	Mit konzentrierter Miene		schlendert Manni durch den Flur zu Jules Zimmer.
C	Die beiden Mädchen verschwinden		als Jules Mutter hereinkommt.
D	Es dauert eine ganze Weile,		bis sie den Geheim-Code geknackt haben.
E	Diesmal brauchen sie doch entschieden länger,		bis sie die Mädchen rufen können.
F	Wieder gehen Jule und Rike raus		und machen sich über die Waffeln her.
G	Sie sind völlig in ihre Grübeleien vertieft,		und die beiden Jungen denken sich eine schwierigere Geheimschrift aus.
H	Die Kinder stürmen in die Küche		und die Jungen knobeln über einer neuen Geheimschrift.

7. Ein Witz! Übertrage die Geheimschrift in Normalschrift.

Geheimschrift 1:
TRUK DNU NIES NHOS NEZTIS NI RENIE NETLAK ETTÜH.
TRUK TGAS: REUEF LAM NED NEFO NA.
TIERHCS RED NHOS: SOL NEFO, STRÄWROV!

Geheimschrift 3:
KVUBRÜT SITLÖKHUNYT : NIEXIAN, DEU SCOGLPLRSFT INHEN
AZNÖMLAWCÜHBETN!
STAKGHT DAEFR SPOYHÄN: NEA, ORFIEGN, HUEMUJTVE SICNHXORN
WOATS VIOKR?

„Du isst ja gar nichts, Jule. Ist etwas nicht in Ordnung?"

„Nee, alles klar. Ich hab' nur keinen Hunger."

„Du wirst doch nicht krank?" Mama schaut Jule besorgt an.

„Ach was!" Jule trinkt noch schnell ihren Kakao aus und steht auf.

„Hey, warum so eilig?" Jasper hat sich gerade noch mal Müsli nachgenommen.

Sichtlich genervt wartet Jule, bis Jasper endlich fertig ist.

Auf dem Schulweg geht sie schweigend neben ihm her.

„Was hast du eigentlich?", fragt Jasper.

„Nichts! Lass mich in Ruhe!"

„Mal wieder schlechte Laune, was? Die brauchst du aber nicht an mir auszulassen, doofe Gurke!"

„Selber doof!" Jule geht schneller.

Plötzlich fällt Jasper ein, was mit Jule los ist. Er bekommt ein schlechtes Gewissen. Gestern war er ziemlich fies zu ihr gewesen. Mannis Vater war zu Besuch gekommen und wollte die Kinder mit zum Segelflugplatz nehmen. Jule wäre auch gerne mitgefahren, doch Jasper hatte darauf bestanden, diese Aktion mal mit Manni allein durchzuziehen. Jetzt tat es ihm leid, aber deswegen musste sie doch nicht so eine Show abziehen.

In den ersten beiden Stunden sitzt Jule stumm auf ihrem Platz und beteiligt sich nicht am Unterricht. Frau Kriegel sieht ein paarmal erstaunt zu ihr hinüber.

Wie eine beleidigte Prinzessin, denkt Jasper.

Doch selbst auf dem Weg zum Physikraum zieht sie ihre Selbstmitleids-Nummer durch. Mit abgewendetem Gesicht läuft sie an Jasper und Manni vorbei, als würde sie plötzlich keinen mehr kennen.

„Was ist denn mit Jule los?" Rike hat sich zu ihnen gesellt. „Die ist ja giftiger als 'ne Klapperschlange."

„Wir haben uns gestern ein bisschen gestritten", brummt Jasper. „Aber allmählich könnte sie aufhören, die Drama-Queen zu spielen."

„Warum habt ihr euch gestritten?", fragt Manni.

Jasper erzählt, dass Jule mit zum Segelflugplatz fahren wollte, und was er zu ihr gesagt hatte.

„Du bist ja auch blöd!", fährt Manni ihn an. „Jule

hätte doch genauso gut mitkommen können."

„Ist ja wohl mein gutes Recht, auch mal was ohne meine Schwester zu machen!", blafft Jasper zurück, doch im Grunde fühlt er sich schlecht.

„Wie auch immer ..." Manni macht eine auffordernde Geste mit der Hand. „Jetzt musst du's jedenfalls wieder hinbiegen. Schließlich brauchen wir Jule morgen."

„Wieso?"

„Na, morgen ist doch das Basketballturnier. Da können wir auf Jule nicht verzichten."

„Oh, Mist. Stimmt!" Jasper schlägt sich mit der Hand gegen die Stirn.

„Und ein anderer Grund fällt euch nicht ein?", Rike stößt einen verächtlichen Schnauflaut aus. „Jungs mal wieder!"

Die ganze Physikstunde lang grübelt Jasper darüber nach, womit er Jule versöhnen könnte. Den Zerknirschten will er auf keinen Fall spielen, weil Jule ihn dann erst recht abblitzen lassen würde. Das kennt er schon.

Endlich, auf dem Weg zurück ins Klassenzimmer kommt ihm die rettende Idee: Der Bernstein, den er letztes Jahr in den Ferien an der Ostsee gefunden hat. Das wär doch was.

Jule hatte den Bernstein damals unbedingt haben wollen. Für den alten Setzkasten, den sie bei Tante Ruth eingesackt hatte. Der hing seitdem in Jules Zimmer mit allerlei Kleinigkeiten in den Fächern. Sicher hätte der Bernstein gut in Jules Setzkasten gepasst, doch Jasper hatte ihn lieber selbst behalten wollen.

Jetzt sieht er die Sache anders. Der Bernstein liegt seit langem zusammen mit altem Krimskrams in irgendeiner Schublade. Wär' schon okay, den Stein Jule zu geben, denkt er, während er sich Jules Platz im Klassenzimmer nähert.

„Du kannst übrigens meinen Bernstein für deinen Setzkasten haben", brummt Jasper im Vorbeigehen.

„Wieso auf einmal?"

„Hab' kein Interesse mehr dran."

„Danke!", murmelt Jule.

Davon, dass Jule sich jetzt endlich versöhnt zeigt, ist allerdings auch im Sozialkundeunterricht nicht viel zu sehen. Im Gegenteil: Beim mündlichen Test meldet sich Jule kein einziges Mal. Als Herr Lettmann eine Frage an sie richtet, zuckt sie nur die Achseln und zieht eine Grimasse. Zwei Minuten später springt sie plötzlich auf und rennt aus dem Klassenraum.

„Nanu, was ist denn mit deiner Schwester heute los?", wendet sich Herr Lettmann mit fragender

F. Zeitz: Leseförderung mit Erzähltexten aus dem Schüleralltag
© Persen Verlag

Miene an Jasper.

„Keine Ahnung!" Jasper hebt beide Arme.

„Ganz toll!" Manni schnauft genervt. „Jetzt ist sie komplett durchgeknallt! Du solltest dich mit ihr vertragen, du Tröte! Stattdessen treibst du sie in den Wahnsinn, wirklich super!"

„Ich hab' doch gar nichts gemacht", haucht Jasper verzweifelt.

Und seine Verzweiflung wird größer und bohrender, je länger sich die Stunde hinzieht, ohne dass Jule in die Klasse zurückkommt.

Endlich klingelt es zur Pause und Jasper stürmt aus dem Raum. Im Laufschritt rennt er durch die Flure nach draußen. Doch weder auf einem der Schulhöfe, noch in der Kantine kann er Jule entdecken. Zu spät geht ihm auf, dass sich Jule wahrscheinlich an dem einzigen Ort befindet, an dem er sie nicht finden kann: auf der Mädchentoilette.

Erneut macht sich Jasper auf die Suche, diesmal nach Rike. Doch nachdem Rike sämtliche Toiletten durchforstet hat, kommt sie kopfschüttelnd zu Jasper zurück.

Jasper ist ratlos. Was soll er tun? Einer plötzlichen Idee folgend läuft er wieder ins Schulgebäude und hastet die Treppe hinauf zum Büro der Schulsekretärin, Frau Holte. Zwar ist von Frau Holte selbst im Moment nichts zu sehen. Doch da die Tür zu ihrem Büro offen steht, tritt Jasper ein und lässt sich auf einen der Stühle fallen.

Irgendwas ist mit Jule passiert, so viel steht fest. Unentschlossen steht Jasper auf und setzt sich wieder hin. Wo, verflixt noch mal, bleibt eigentlich Frau Holte? Im Spiegel über dem Schreibtisch kann Jasper die Uhr sehen, die sich auf der gegenüberliegenden Wand befindet.

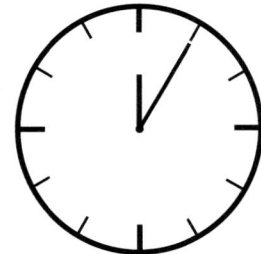

Was? So spät schon? Die Pause ist ja schon fast wieder zu Ende, denkt Jasper. Was nur bedeuten kann, dass sich Jule womöglich bereits auf dem Weg zur Sporthalle befindet.

Jasper rennt wieder nach draußen. Doch, wie um ihn komplett aus dem Konzept zu bringen, ziehen sich die letzten fünf Minuten der Pause scheinbar endlos in die Länge. Und weder in der Turnhalle, noch im Klassenzimmer, noch auf dem Schulhof, noch sonstwo auch nur die geringste Spur von Jule.

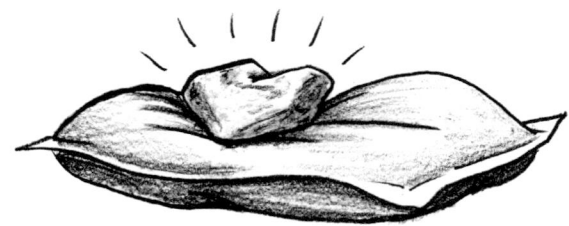

„Nein, ich weiß nicht, wo deine Schwester ist", sagt ihre Sportlehrerin, Frau Beckstein, „aber ich kann nach dem Unterricht gerne mal Frau Kriegel fragen."

Doch so lange will Jasper nicht warten. Sobald die Schule zu Ende ist, schnappt er sich seine und Jules Schultasche und macht sich auf den Heimweg.

Plötzlich bleibt er abrupt stehen.

Wer kommt da? Wahrhaftig, Jule schlendert gelassen auf ihn zu. „Ach, du hast meine Sachen schon. Klasse! Ich wollte gerade zur Schule gehen, um sie zu holen."

„Wirklich super!", platzt es aus Jasper heraus. „Ich möchte echt mal wissen, was ich dir getan habe, dass du hier so 'ne krasse Show abziehst!"

„Du? Nichts, wieso?" Lächelnd nimmt Jule ihm ihre Schultasche ab.

„Wie jetzt? Du warst doch die ganze Zeit sauer auf mich."

„Sauer? Nö. Ich hatte nur grässliche Zahnschmerzen. Seit heute morgen schon. Und ich hatte Angst vorm Zahnarzt. Aber es ging nicht mehr. Ich konnt's nicht mehr aushalten. Deshalb hat Frau Holte den Zahnarzt angerufen und mich dann hingeschickt. Sonst war nichts."

Verdutzt sieht Jasper seine Schwester an. Das ist ja wohl der Hammer, denkt er. Nur Zahnschmerzen! Und ich Trottel opfere meinen schönen Bernstein.

Weißt du, warum Jasper der Rest der Pause so lang vorkam?

Hast du auch schon einmal ein ähnliches Missverständnis erlebt?

Wie soll man sich verhalten, wenn man schlechte Laune hat? Spricht man über die Ursache, oder schweigt man lieber, um den anderen nicht mit seinen Problemen zu belasten?

Beantworte die Fragen mit dem Stiftzeichen in deinem Heft.
Wenn du bei den Aufgaben unsicher bist, überfliege den Text noch einmal.
Bevor du mit den Aufgaben beginnst, unterstreiche im Text die Schlüsselwörter.

1. Fragen zum Text.

  a) Wohin wollte Mannis Vater die Kinder mitnehmen?
  b) Welches Turnier soll am nächsten Tag ausgetragen werden?
  c) Was will Jasper seiner Schwester zur Versöhnung schenken?
  d) Wie heißt die Schulsekretärin?
  e) Wie viel Uhr ist es, als Jasper die Wanduhr im Spiegel sieht?
  f) Wo war Jule?

2. Unterstreiche die Überschriften, die auch zu der Geschichte passen würden.

  a) Geschwisterstreit   b) Das Basketballturnier   c) Die Wette   d) Ein Missverständnis
  e) Beim Zahnarzt   f) Jaspers schlechtes Gewissen   g) Jules Geschenk   h) Glück gehabt

3. Setze die passenden Ausdrücke zu den Textstellen.

  a) *ungeduldig*   b) *gleichmütig*   c) *ernüchtert*   d) *verlegen*
  e) *großzügig*   f) *abwehrend*   g) *hastig*   h) *erfreut*
  i) *eindringlich* j) *beiläufig*   k) *misslaunig*   l) *ärgerlich*

	Textauszüge	Adjektive
A	„Nee, alles klar. Ich hab' nur keinen Hunger."	
B	„Nichts! Lass mich in Ruhe!"	
C	Plötzlich fällt Jasper ein, was mit Jule los ist. Er bekommt ein schlechtes Gewissen.	
D	In den ersten beiden Stunden sitzt Jule stumm auf ihrem Platz und beteiligt sich nicht am Unterricht.	
E	„Jetzt musst du's jedenfalls wieder hinbiegen!"	
F	Wär' schon okay, den Stein Jule zu geben, denkt Jasper.	
G	„Du kannst übrigens meinen Bernstein für deinen Setzkasten haben", brummt Jasper im Vorbeigehen.	
H	Im Laufschritt rennt er durch die Flure nach draußen.	
I	Wo, verflixt noch mal, bleibt eigentlich Frau Holte?	
J	„Ach, du hast meine Sachen schon. Klasse!"	
K	„Wirklich super!", platzt es aus Jasper heraus. „Ich möchte echt mal wissen, was ich dir getan habe, dass du hier so 'ne krasse Show abziehst!"	
L	Ist ja wohl der Hammer, denkt Jasper. Nur Zahnschmerzen!	

F. Zeitz: Leseförderung mit Erzähltexten aus dem Schüleralltag
© Persen Verlag

4. Warum hatte Jasper ein schlechtes Gewissen?

5. Wie beurteilst du Jules Verhalten?

① Jule hat sich reichlich zickig benommen.
② Jule hätte einfach sagen sollen, dass sie Zahnschmerzen hat.
③ Jules Verhalten ist verständlich, weil sie Angst vor dem Zahnarzt hatte.
④ Jule hätte schon morgens zu ihrer Mutter sagen sollen, dass sie Zahnschmerzen hat.

6. Erkläre mit deinen Worten folgende Begriffe.

a) Show abziehen
b) komplett
c) abrupt
d) gleichmütig

> **TIPP!** *Verwende ein Synonymwörterbuch.*

7. Fasse die Geschichte für jeden Teil in einem Satz zusammen.

Einleitung: …
Hauptteil: …
Schluss: …

8. Finde für Einleitung, Hauptteil und Schluss jeweils Zwischenüberschriften.

1. _____

2. _____

3. _____

9. Was ist Bernstein?

Bernstein ist … .

> **TIPP!**
> *Sieh im Lexikon nach.*

Erschöpft lässt sich Jule am Rand der Laufbahn auf den Rasen fallen. Sie hat sich völlig verausgabt. Trotzdem ist es ihr nicht gelungen, schneller zu laufen als Susi Littmann.

Ist ja auch okay, denkt Jule, wenn sie bloß nicht so grässlich eingebildet wäre. Allmählich kommt Jule wieder zu Atem und hebt den Kopf, gerade als Susi Littmann mit breitem Grinsen auf sie zukommt.

„Na, Jule, schon kaputt?", fragt Susi mit einem spöttischen Lächeln auf den Lippen. „Ich könnte sofort noch einmal laufen." Verächtlich schaut sie auf Jule hinab.

„Gib nicht so an! Dafür kann ich schneller schwimmen als du!"

„Klar! Gerade du!" Susi lacht laut auf.

„Wir können es ja ausprobieren. Heute Nachmittag im Freibad."

„Ein Wettschwimmen?", ruft Manni. „Da bin ich auch dabei. Wie sieht's mit euch aus, Leute?"

„Wir auch!", rufen noch einige Mitschüler.

„Für's Freibad ist es heute doch viel zu kalt!", wendet Susi Littmann ein.

„Ach ja? Kaum wird die Sache ernst, schon hast du die Hosen voll."

„Ich? Nee! Von mir aus können wir in Eiswasser schwimmen. Dann bin ich immer noch schneller als du!"

„Also abgemacht! Heute Nachmittag um vier Uhr im Freibad!"

„Euch ist klar, dass ihr euch beeilen müsst?", drängt Mama beim Mittagessen. „Opa Bobbi hat eben noch mal angerufen. Ihr sollt um drei Uhr unten auf ihn warten."

Jule hebt den Kopf. „Wie jetzt?"

„Na, die Show. Euer Opa hat doch Karten für David Copperfield bestellt."

„Ach, stimmt ja!" Jasper schlägt sich mit der Hand gegen die Stirn. „Dann aber los!"

„Moment mal." Jule räuspert sich. „Wir ... äh, wir können heute nicht mit Opa zu so 'ner Show gehen."

„Zu so 'ner Show?" Jaspers Gesicht drückt blankes Entsetzen aus. „Wir reden hier von David Copperfield, dem berühmtesten Zauberer aller Zeiten!"

„Schon. Aber heute Nachmittag ist doch der Schwimmwettkampf ..."

„Was denn für ein Schwimmwettkampf?", fragt Mama. „Davon weiß ich ja gar nichts."

Jule erzählt, was im Sportunterricht vorgefallen ist.

„Alles verständlich", sagt Mama, „aber wichtiger ist, dass ihr euren Opa nicht kränken dürft. Davon abgesehen ist das Wetter ohnehin zu kühl fürs Freibad."

Hilfesuchend wendet sich Jule an ihren Bruder. Doch Jasper winkt nur ab. „Ins Freibad kann man jeden Tag gehen, aber zu David Copperfield ..."

„Darum geht es doch gar nicht!", stößt Jule verzweifelt hervor. „Wie stehe ich denn da vor Susi und den anderen, wenn ich selber nicht zum Wettkampf komme?"

Jasper zuckt nur mit den Achseln.

In einer Mischung aus Wut und Trotz rennt Jule zum Kleiderschrank, wo sie ihre Schwimmsachen und sogar eine Badehose ihres Bruders in eine Umhängetasche stopft. Irgendein Weg wird sich schon finden, denkt sie.

In Opa Bobbis Auto herrscht eisiges Schweigen. Jasper sieht stur vor sich hin und Jule starrt mit verbissener Miene aus dem Fenster.

Nach ein paar vergeblichen Versuchen, ein Gespräch mit seinen Enkeln in Gang zu bringen, hält der Großvater den Wagen am Straßenrand an und dreht sich im Sitz zu Jasper und Jule um. „Was ist denn los mit euch? Irgendwas stimmt doch nicht."

Jasper lässt ein resigniertes Seufzen vernehmen. „Jule möchte halt lieber ins Freibad als zur David-Copperfield-Show ..."

Jule gibt sich einen Ruck und berichtet, was in der Schule passiert ist, nicht ohne zu erwähnen, dass ihre Mutter dagegen war, ins Freibad zu gehen. „Mama meinte, das würde dich kränken."

„Was denkt eure Mutter eigentlich von mir?" Opa Bobbi sieht tatsächlich empört aus. „Das einzige, was mich wirklich kränken kann, ist, wenn man mir nicht sagt, was los ist!"

Jule schluckt und senkt den Kopf.

„Ich werde euch jetzt verraten, was wir machen werden", verkündet der Großvater nach einigem Nachdenken. „Als Erstes fahren wir Jule zum Freibad. Dann gehen Jasper und ich zur Show. Ich hole eben nur zwei Karten ab. Für das gesparte Geld darf Jule sich dann was anderes wünschen."

„Hey, voll unfair!", ruft Jasper. „Unter den Bedingungen würde ich natürlich auch lieber zum Wettkampf gehen."

Lächelnd zieht Jule Jaspers Badehose aus der

F. Zeitz: Leseförderung mit Erzähltexten aus dem Schüleralltag
© Persen Verlag

Tasche und hält sie ihrem Bruder vor die Nase.
„Also, alles wieder okay", brummt Opa Bobbi
und lässt den Motor an.
„Und was ist mit den Karten?", fragt Jasper.
„Darüber mach dir mal keine Gedanken. Wenn
die Karten nicht eine halbe Stunde vor der
Vorstellung abgeholt sind, werden sie verkauft."

*****

Im Freibad sind nur wenige Leute; doch einige
Jungen und Mädchen aus der 6a haben sich
bereits am Beckenrand versammelt.
Als sich Jule und Jasper zu ihren Mitschülern
gesellen, setzt Susi Littmann eine gespielt über-
raschte Miene auf: „Guck an, bist ja doch
gekommen! Ich war drauf und dran mit Lara zu
wetten, dass dir bestimmt was dazwischen-
kommt."
Jule nimmt einen tiefen Atemzug, sagt aber
nichts. Inzwischen sind alle zehn Teilnehmer
eingetrudelt.
Jule weiß, dass sie Susi heute unbedingt schlagen muss.
Endlich ist es so weit. Nathalie gibt das Start-
signal: „Auf die Plätze – fertig – los!"
Mit lautem Platschen springen alle ins
Schwimmbecken. Jule spürt, wie sich ihre Haut
zusammenzieht; das Wasser ist tatsächlich
furchtbar kalt. Doch sogleich wandelt sie den
ersten Schock in wildes, blindwütiges Kraulen
um.
Beim Luftholen muss sie jedoch erkennen, dass
Susi neben ihr mithält. Jule hört die Anfeue-
rungsrufe der Kinder vom Beckenrand, während
ihre Arme und Beine in fieberhafter Entschlos-
senheit durchs Wasser kraulen. Plötzlich über-
tönt eine tiefe Männerstimme das Geschrei:
„Ju – le! Ju – le!"
Das muss Opa Bobbi sein. Jule will ihn auf keinen Fall enttäuschen. Noch einmal nimmt sie all
ihre Kraft zusammen und setzt zum Endspurt an.
Kurz vor Susi Littmann schlägt Jule an.
Wunderbar! Sie ist zwar nicht Erste geworden,
aber auf jeden Fall hat sie Susi bezwungen. Ein
herrliches Gefühl!
„Na, habt ihr euer Wettschwimmen gestern ausgetragen?", fragt ihre Sportlehrerin Frau
Beckstein am nächsten Tag in der Schule.
„Ja", sagt Susi Littmann, „Jule war schneller als
ich. Aber immerhin war ich besser als Leon."
Nun muss Jule ihre Gegnerin doch anschauen.
Zu ihrer Überraschung grinst Susi sie an. Hallo?
Ist Susi vielleicht doch eine bessere Verliererin,
als sie vermutet hatte?

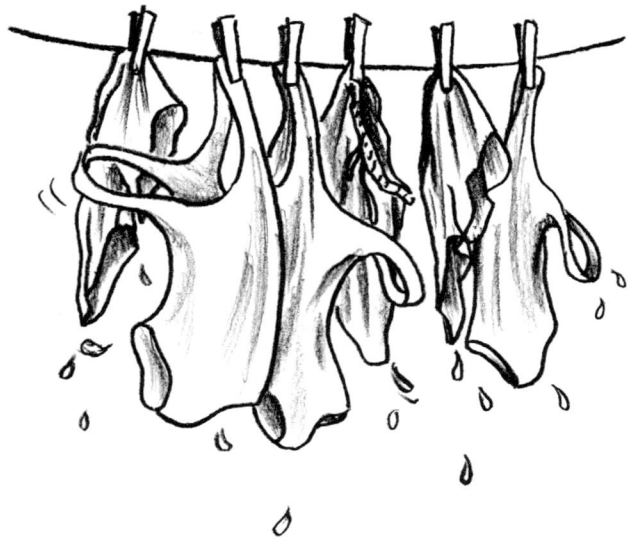

„Aber gesiegt habe ich trotzdem nicht", sagt
Jule.
„Sergej ist einfach Spitze!", meint Jasper. „Trotz-
dem war ich froh, dass ich zum ersten Mal
schneller geschwommen bin als Rike. Und ich
war noch zwei Plätze vor Manni."
„Es waren aber noch drei Leute hinter mir", sagt
Manni.
„Und du, Saskia?", fragt Frau Beckstein.
„Ich war überhaupt nicht in Form, aber immerhin
war ich nicht Letzte."
„Mir war das Wasser einfach zu kalt", Lara
schlottert jetzt noch. „Aber trotzdem hab' ich
noch vor Saskia angeschlagen."
Till brummt: „Ich weiß schon, dass ich im
Schwimmen ein Looser bin."
„Was ist mit Leon?" Frau Beckstein will alles
ganz genau wissen.
Leon kann seinen Stolz nicht verbergen: „Dass
ich diesmal schneller war als Jasper, hätte ich
nicht gedacht."
„Das muss ich erst mal sortieren", sagt Frau
Beckstein. „Wollt ihr das noch mal machen?"
„Auf jeden Fall!" Susi sieht Jule an. „Ich will eine
Revanche."
„Kannst du haben!", Jule lacht. „Und dann ist es
mir fast egal, ob du gewinnst."

Ordne die Schüler in der Wettkampfreihen-
folge. Eine Tabelle dafür findest du auf der
nächsten Seite.

*Du kennst bestimmt auch jemanden, den du
nicht leiden magst. Soll man sich damit abfin-
den oder kann man etwas dagegen tun?*

Beantworte die Fragen mit dem Stiftzeichen in deinem Heft.
Wenn du bei den Aufgaben unsicher bist, überfliege den Text noch einmal.
Bevor du mit den Aufgaben beginnst, unterstreiche im Text die Schlüsselwörter.

1. Trage die Schüler in der Reihenfolge, wie sie den Wettkampf bestritten haben,
in die Tabelle ein.

Jasper – Jule – Rike – Manni – Lara – Susi – Sergej – Saskia – Till – Leon

1.	
2.	
3.	
4.	
5.	
6.	
7.	
8.	
9.	
10.	

> **TIPP!** *Schreibe die Namen auf einen Extrazettel und schneide sie aus. Dann kannst du die Reihenfolge verschieben, bis du die Lösung hast und sie auf das Arbeitsblatt überträgst.*

2. Ordne die Aussagen den Verben aus der Geschichte zu.

zu verstehen geben – sich einfinden – das Letzte hergeben – zu bedenken geben

a) sich verausgaben   c) einwenden
b) erwähnen   d) eintrudeln

3. Was erfährt man in der Einleitung der Geschichte?

In der Einleitung erhält man Informationen über …

① den Anlass für das Wettschwimmen.
② die Reihenfolge der Schwimmer.
③ den Ort der Handlung.
④ das Problem mit dem Großvater.
⑤ die Auseinandersetzung mit der Mutter.
⑥ die handelnden Personen.

4. Formuliere Überschriften für die drei Teile der Geschichte.

Einleitung: …
Hauptteil: …
Schluss: …

F. Zeitz: Leseförderung mit Erzähltexten aus dem Schüleralltag
© Persen Verlag

5. Wie beurteilst du das Verhalten der Mutter?

① Die Mutter hätte mehr Einfühlungsvermögen in Bezug auf Jules Situation haben sollen.
② Das Verhalten der Mutter ist verständlich.
③ Die Mutter hätte vorschlagen sollen, den Großvater anzurufen, um ihm die Lage zu schildern.
④ Eltern sollten sich gar nicht einmischen, sondern den Kindern die Entscheidung überlassen.
⑤ Die Mutter hätte Jule strikt verbieten sollen, an dem Wettkampf teilzunehmen.

6. Setze für die durchgestrichenen Begriffe sinnverwandte Wörter ein.

~~Erschöpft~~ _____ lässt sich Jule am Rand der Laufbahn ~~auf den Rasen~~

_____ fallen. „Na, Jule, schon ~~kaputt~~ _____?",

fragt Susi mit einem ~~spöttischen~~ _____ Lächeln auf den Lippen. „ Ich könnte

~~sofort~~ _____ noch einmal laufen."

~~Verächtlich~~ _____ schaut sie auf Jule hinab.

„~~Gib nicht so an~~ _____! Dafür kann ich schneller schwimmen als du!"

„~~Klar~~ _____! Gerade du!" Susi lacht laut auf.

„Wir können es ja ~~ausprobieren~~ _____.

„Also ~~abgemacht~~ _____! Heute Nachmittag ~~im Freibad~~ _____!"

7. Beschreibe den Großvater.

Opa Bobbi ist …

8. Fasse mit eigenen Worten in drei Sätzen die Auseinandersetzung wegen der Verabredung zur Zauberershow zusammen.

Die Mutter erinnert die Geschwister daran, dass sie mit ihrem Großvater verabredet sind.
Jule erklärt, dass sie wegen des Schwimmwettkampfes die Verabredung nicht einhalten können.

Die Mutter sagt: „_____

_____ "

Jule sagt: „_____

_____ "

Jasper meint: „_____

_____ "

Klick! Der Dieb ist gefunden. Gebannt verfolgen Jasper und Manni auf dem Monitor, wie Leon den Verbrecher erkennt, verfolgt und festsetzt. Letzter Mausklick: Der Schurke sitzt hinter Gittern.

„Erste Sahne!" Jasper ist hellauf begeistert. „Weißt du, was so 'n Teil kostet? Hätte ich auch gern."

„Vergiss es!", meint Manni. „Das kostet mindestens 45 Euro, wenn nicht mehr."

Doch so schnell gibt Jasper nicht auf. „Nächsten Samstag ist doch Flohmarkt an der Schule. Vielleicht kriege ich da das Geld zusammen."

„Das glaubst du doch selber nicht! Da müsstest du schon deinen Gameboy mit verkaufen."

„Warum nicht? Die Spiele darauf sind doch sowieso inzwischen total langweilig."

Jasper und Jule haben zu Hause und bei ihren Verwandten so viele Sachen erbettelt, dass ihr großer Tisch auf dem Flohmarkt gut gefüllt ist. Jasper ist dafür, dass jeder sein Zeug allein verkauft, schließlich hat er das kostbarste Stück gespendet, seinen Gameboy.

Nach einer Stunde ist Jasper schon ganz zappelig. Noch keiner hat sich bisher für seinen Gameboy interessiert. Überhaupt läuft das Geschäft schleppend. Auf einmal steht Beppo am Stand und greift nach dem Gameboy.

„Was willst 'n dafür haben?", fragt er.

„Zwanzig Euro", sagt Jasper.

„Viel zu teuer!" Beppo wirft das Gerät wieder auf den Tisch.

„Hey, geh damit gefälligst ein bisschen vorsichtiger um!"

„Ist doch sowieso nichts wert", meint Beppo grinsend und schlendert weiter.

Jasper sieht wütend hinter ihm her.

Ungeduldig steht er hinter seinem Tisch und wartet auf Käufer. Die Zeit vergeht und er hat erst ein paar Kleinigkeiten verkauft.

Ein lautes Geschepper reißt Jasper aus seinen Gedanken. Unter einem Berg von Krimskrams ist Rikes Verkaufstisch zusammengekracht.

Jasper verdreht die Augen. Typisch Rike! Das kann auch nur ihr passieren. Sie hatte einen alten Tapeziertisch aufgebaut. Aber wohl nicht richtig.

Jule läuft sofort hin und hilft ihr.

„Wie wär's, wenn du mal mit anfassen würdest!", schnauzt Jule Jasper an.

Mit einem Seufzer setzt sich Jasper in Bewegung, zieht den Tisch unter den Sachen hervor und sieht sich das Gestänge an. Soweit das ohne Werkzeug möglich ist, biegt Jasper die Stangen in eine halbwegs stabile Position zurück und stellt den Tisch wieder auf.

Als sein Blick zufällig auf seinen eigenen Stand fällt, erstarrt er. „Der Gameboy ...", stammelt er, „der Gameboy ist weg! Geklaut!"

„Was?" Jule reißt die Augen auf.

„Das war bestimmt Beppo!", presst Jasper hervor.

Doch Jule schüttelt den Kopf. „Woher willst du das wissen? Ich meine, jeder hier kann es gewesen sein."

„Du kennst doch Beppo. Ich wette, er war's."

„Wer war was?" Manni ist zu ihnen gekommen. Jasper schildert ihm, was vorgefallen ist.

„Und ob es Beppo war!", ruft Manni aus. „Fragt sich nur, wie wir's ihm beweisen."

„Am liebsten würde ich ein Geständnis aus ihm herausprügeln!" Jasper tritt vor Wut gegen Rikes Tisch.

„Achtung!"

Jasper sieht, wie der Tisch ein weiteres Mal zusammenstürzt, während sich Rikes kleiner Hund Wuschel vom Tischbein losreißt und wild kläffend unter dem Nachbartisch verschwindet.

Rike kreischt auf.

„Komm zurück, Wuschel! Komm jetzt her!", schreit sie und läuft hinter Wuschel her.

Doch der junge Hund fasst es als Spiel auf und entwischt ihr immer wieder, weil er unter den Tischen herlaufen kann.

Unter Susi Littmanns Tisch bleibt er plötzlich stehen, schnüffelt ein bisschen herum und hebt dann ein Bein.

„Wuschel, nein!"

Doch zu spät: Ein dünner Strahl ergießt sich über einen Karton mit Büchern, den Susi dort gelagert hat.

Mit verlegenem Grinsen kommt Rike um den Tisch herum und schnappt sich den Hund.

„Sag mal, spinnst du?", brüllt Susi. „Pass doch

F. Zeitz: Leseförderung mit Erzähltexten aus dem Schüleralltag
© Persen Verlag

auf deinen dämlichen Köter auf, blöde Ziege! Guck dir mal diese Schweinerei an. Aber die Bücher bezahlst du mir, das sag' ich dir!"

Mit hochrotem Kopf trottet Rike zu ihrem Stand zurück, während Susi noch immer mit schriller Stimme hinter ihr her keift.

Jasper kann sich ein Grinsen nicht verkneifen. Das war wieder typisch Rike.

Zu viert machen sie sich ein zweites Mal daran, Rikes Tisch wieder aufzubauen.

„Ich weiß, wie wir Beppo überführen!", flüstert Manni am übernächsten Tag vor Unterrichtsbeginn Jasper leise zu. „Er hat sich mit Ronny zur Pause bei den Mülltonnen verabredet. Will ihm was verkaufen."

Jasper reibt sich das Kinn. „Denkst du auch, was ich denke?"

Manni nickt. „Absolut wichtig ist, dass wir als Erste bei den Müllcontainern sind. Dann können wir uns verstecken und Beppo auf frischer Tat ertappen."

Sobald es zur großen Pause klingelt, rennen Jasper, Jule und Manni nach draußen und verschanzen sich hinter den Mülltonnen.

Schon wenig später nähern sich Beppo und Ronny.

„... fünfundzwanzig Euro ist 'ne Menge Geld", sagt Ronny gerade.

„Ich weiß." Beppo senkt die Stimme. „Aber das Gerät ist einwandfrei in Ordnung, auch wenn es gebraucht ist."

„Nicht, dass der blöde Hund von Rike draufgepinkelt hat und das Teil morgen seinen Geist aufgibt."

Ronny ist skeptisch.

„Mann!" Beppo stößt einen Schnauflaut aus. „In dem Karton waren nur Bücher. Außerdem hatte ich das Teil da doch schon!"

„Und jetzt hab ich es wieder!", ruft Jasper, während er mit einem Satz hinter dem Müllcontainer hervorspringt.

Mit Schwung zieht er Beppos Hand zu sich herum. Allerdings ist es keineswegs sein Gameboy, was Beppo da in der Hand hält, sondern ein kleiner, schlanker MP3-Player.

Verständnislos starrt Beppo Jasper an. „Was soll der Quatsch?"

„Rück Jaspers Gameboy raus!", schaltet sich Manni ein. „Wir wissen, dass du ihn hast."

„Schwachsinn!"

Jasper tritt noch näher an Beppo heran. „Wo warst du denn, als Rikes Tisch zusammengekracht ist?"

„Wo ich war?" Mit einer unwilligen Geste schüttelt Beppo Jaspers Hand ab. „Ich musste zum Gitarrenunterricht. Und das kann ich sogar beweisen, falls es dich interessiert. Weißt du, wie man das nennt, was ihr hier macht? Üble Nachrede. Dafür kann man sogar angezeigt werden. Und jetzt lasst mich in Ruhe!" Mit überheblicher Miene schlendert Beppo davon. Ronny folgt ihm.

„Ihr hattet recht", sagt Jule zu Jasper und Manni. „Er war's. Und ich hab auch schon eine Idee, wie wir uns den Gameboy wiederholen ..."

Nach Schulschluss stellen sich die Freunde Beppo in den Weg.

„Tut mir leid, dass ich dich verdächtigt habe", sagt Jasper. „Ich hoffe, wir haben dir mit unserem Auftritt nicht das Geschäft verdorben.

Beppo zuckt die Achseln. „Ronny überlegt noch."

„Ich würde dir dreißig Euro für den MP3-Player zahlen", sagt Jasper.

„Dreißig Euro? Okaaaay." Mit einem Ruck streift Beppo seinen Schulrucksack ab und zieht den Reißverschluss auf.

Sofort stürzen sich Jasper und Manni auf Beppos Schultasche. Erst reißen sie Beppo den Rucksack aus der Hand, dann schütten sie den Inhalt über den Bürgersteig aus.

„Was haben wir denn hier?" Triumphierend hält Manni Jaspers Gameboy hoch.

„Pfoten weg! Der gehört mir. Den ... äh, den hab' ich gefunden."

„Gefunden?" Ungläubig starrt Jasper Beppo an.

„Der Typ, der ihn dir geklaut hat, hat ihn wahrscheinlich weggeworfen", stößt Beppo atemlos hervor. „Ihr könnt mir nichts beweisen."

„Meinst du?" Jasper verdreht die Augen. „Ich denke, das Ganze hier ist wohl Beweis genug. Auf jeden Fall werden wir allen erzählen, was sich abgespielt hat. Mal sehen, wie du dich dann fühlst."

„Mann!", sagt Manni auf dem Heimweg, „Das war noch besser als das Computerspiel."

Weißt du, woran Jule bemerkt hat, dass Beppo lügt?

Allein hätte sich Jasper wohl nicht getraut, Beppo zu stellen. Kennst du auch Situationen, bei denen Freunde hilfreich waren?

Beantworte die Fragen mit dem Stiftzeichen in deinem Heft.
Wenn du bei den Aufgaben unsicher bist, überfliege den Text noch einmal.
Bevor du mit den Aufgaben beginnst, unterstreiche im Text die Schlüsselwörter.

1. Fragen zum Text. Kreuze an oder setze ein.

    a) Wem gehört das Computerspiel?
       ① Jasper
       ② Leon
       ③ Manni

    b) Was will Jasper auf dem Flohmarkt verkaufen?
       ① sein Computerspiel
       ② seinen MP3-Player
       ③ seinen Gameboy

    c) Was bricht zusammen?
       ① Rikes Tisch
       ② Jules Tisch
       ③ Susis Tisch

    d) Was soll Rike ersetzen? _____

    e) Wie heißt Rikes Hund? _____

    f) Beppo behauptet, er wäre früher gegangen, weil er zum _____ musste.

    g) Wem will Beppo einen MP3-Player verkaufen? _____

    h) Wie viel Geld will Beppo für den MP3-Player haben? _____

    i) Wo verstecken sich Jasper, Manni und Jule? _____

2. Erkläre mit deinen Worten, was ein Flohmarkt ist.

3. Die Geschichte lässt sich in vier Abschnitte einteilen. Suche aus den Vorgaben die passenden Zwischenüberschriften aus und schreibe sie in der richtigen Reihenfolge auf.

    a) Im Klassenraum   b) Auf dem Flohmarkt   c) Auf dem Flur
    d) Mannis Computerspiel e) Auf dem Heimweg   f) Bei Jasper und Jule zu Hause
    g) Im Schultreppenhaus   h) Leons Computerspiel   i) Bei Beppo zu Hause
    j) In der Pause   l) Auf dem Markplatz

4. Kreise die Orte ein, die in der Geschichte eine Rolle spielen.

    a) Park   b) Mannis Zimmer c) Flohmarkt   d) Leons Zimmer   e) Schulhof
    f) Sportplatz   g) Heimweg   h) Sporthalle   i) bei Jasper und Jule zu Hause

F. Zeitz: Leseförderung mit Erzähltexten aus dem Schüleralltag
© Persen Verlag

5. Wie ist Jaspers Gameboy verschwunden?

6. Wie beurteilst du Jaspers Verhalten am Schluss der Geschichte?

① Es reicht nicht, dass Jasper nur den Mitschülern erzählen will, was vorgefallen ist. Er hätte Beppo anzeigen oder zu dessen Eltern gehen sollen.

② Es ist richtig, dass Jasper nur androht, den Mitschülern alles zu erzählen, denn einen richtigen Beweis hat er tatsächlich nicht.

7. Setze die passenden Synonyme (Begriffe mit gleicher oder ähnlicher Bedeutung) ein.

widerstandsfähig – selbstgefällig – unbedingt – widerstrebend
zögerlich – argwöhnisch – unverkennbar – untadelig

a) schleppend _____

b) typisch _____

c) stabil _____

d) absolut _____

e) einwandfrei _____

f) skeptisch _____

g) unwillig _____

h) überheblich _____

8. Fasse den Schluss mit deinen Worten zusammen.

9. So könnte die Geschichte weitergehen. Welche Fassung gefällt dir besser? Warum?

① Am nächsten Tag erzählen Jasper und Manni, wie sie Beppo den Gameboy wieder abgenommen haben. Beppo tut so, als ginge ihn das nichts an. Betont gelangweilt sieht er aus dem Fenster. Die Mitschüler reden so laut über den Fall, dass auch die Klassenlehrerin mitbekommt, was geschehen ist. Als es zur Pause klingelt, bittet sie Beppo, in der Klasse zu bleiben, weil sie mit ihm reden müsse. – Nach einiger Zeit erscheint Beppo wieder auf dem Schulhof. Als er an Jasper und Manni vorbeigeht, zischt er: „Das werdet ihr büßen!"

② Am nächsten Tag erzählen Jasper und Manni auf dem Schulhof, wie sie Beppo den Gameboy wieder abgenommen haben. Beppo streitet alles ab und sein Freund Ronny aus der Parallelklasse behauptet, dass überhaupt nichts bewiesen wäre. „Ihr könnt froh sein, wenn Beppo euch nicht wegen übler Nachrede anzeigt", sagt er herausfordernd zu Jasper und Manni. Doch jetzt brechen die Mitschüler in lautes Gelächter aus. Mürrisch wenden sich Beppo und Ronny ab und verziehen sich in den hinteren Teil des Schulhofs.

Endlich! Geburtstag!

Glücklich steht Jasper vor dem Geburtstagstisch mit den zwölf Kerzen. Ein Skateboard! Sein größter Wunsch ist in Erfüllung gegangen.

Aber Jule ist enttäuscht. Sie hatte sich doch so sehr das weiße Spitzenkleid aus dem Schaufenster vom Kaufhaus Steinbach gewünscht.

Als Mama Jules enttäuschten Gesichtsausdruck sieht, meint sie: „Jule, nun überleg doch mal, ein weißes Kleid passt wirklich nicht zu dir. Wann willst du so ein Kleid denn tragen?"

„Dann kauf' ich es mir eben von meinem Spargeld", sagt Jule und schiebt die Unterlippe vor. Sie hat schon eine ganze Menge Geld zurückgelegt, aber für das Kleid reicht es doch nicht ganz. Dann muss ich eben noch etwas Taschengeld sparen, denkt sie.

Jules Gedanken werden von lautem Klingeln unterbrochen. Opa Bobbi ist gekommen und schenkt den Kindern ein paar erstklassige Fahrradtaschen.

„Wann findet denn eure Feier statt?", fragt er.

„Am Sonntag. Heute Nachmittag gehen wir erst mal mit unseren Freunden zur Kirmes."

„Na, dann will ich mal noch ein bisschen Kirmesgeld lockermachen."

Jasper und Jule strahlen ihren Großvater an.

„Also, wenn heute euer erster Geburtstag wäre, würde ich jedem von euch einen Cent geben", meint Opa Bobbi.

Fassungslos schaut Jasper den Großvater an. Soll das ein Scherz sein?

Doch Opa spricht schon weiter: „Am zweiten Geburtstag hätte ich euch das Doppelte gegeben, also zwei Cent. Und am dritten Geburtstag wieder das Doppelte. Das sind schon vier Cent. Und so weiter. Jetzt könnt ihr selbst ausrechnen, wie viel ich euch heute gebe. Vielleicht könnt ihr auch noch etwas davon sparen."

„Sparen? Von den paar Cent?" Jasper kann es nicht fassen.

„Wenn du meinst, dass es zu wenig ist, lege ich noch 2 Cent dazu." Opa schmunzelt.

Minutenlang grübelt Jule über dieser Aufgabe. Dann fällt sie ihrem Großvater um den Hals. „Danke, Opa, du ahnst ja nicht, wie gut ich das Geld gebrauchen kann."

Jasper schüttelt verständnislos den Kopf.

*****

„Mit dem Kirmesgeld und meinen Ersparnissen hab' ich genug zusammen, um mir das weiße Spitzenkleid zu kaufen", flüstert Jule am nächsten Tag ihrer Freundin Rike zu. Rike kann Jules Wunsch gut verstehen. Sie hat auch ein weißes Kleid und findet sich darin wunderschön.

Die Mädchen horchen plötzlich auf.

„Zum kommenden Schuljubiläum möchte ich mit euch eine Theateraufführung einstudieren", sagt ihre Lehrerin. „In dem Stück geht es um ein Mädchen von einem anderen Stern, das für einen Tag in eine deutsche Stadt kommt und dort mit Erdenkindern allerhand Abenteuer erlebt. Wer hätte Lust, das Sternenmädchen zu spielen?"

Fast alle Mädchen in der Klasse recken ihre Finger hoch.

„Es ist allerdings eine Rolle mit sehr viel Text." Frau Kriegel hält mehrere dicht bedruckte Seiten hoch. „Wer sie spielt, muss eine Menge auswendig lernen."

Ein Stöhnen geht durch die Mädchenreihen. Jetzt ist der Andrang nicht mehr so groß. Es bleiben nur noch Jule und Susi Littmann übrig.

„Gut, dann lernt ihr beide mal den Text der ersten Szene bis übermorgen auswendig. Dann werden wir gemeinsam entscheiden, wer die Rolle bekommt."

„Ich glaube, ich kann das Sternenmädchen doch nicht spielen", sagt Jule auf dem Heimweg.

„Warum das denn nicht?", fragen Jasper und Rike wie aus einem Mund.

„Susi hat gesagt, meine Stimme wäre viel zu dünn."

„Lass dich doch bloß nicht von dieser miesen Tante verrückt machen. Die will dich doch nur rausekeln, damit sie auf jeden Fall die Rolle kriegt", sagt Jasper ärgerlich.

Jule sieht ihren Bruder dankbar an. „Ich würde die Rolle echt gerne spielen."

„Schaffst du bestimmt", sagt Rike, „und das weiße Kleid ist das ideale Kostüm dafür."

*****

Mit Spannung warten die Freunde auf die Theaterprobe. Jule ist schrecklich aufgeregt. Zuerst spricht Susi den Anfangsmonolog des Sternenmädchens. Sie steht ziemlich steif auf der Bühne herum und schreit den Text geradezu ins Publikum.

Nun ist Jule dran. Sie bewegt sich beim Sprechen und legt viel Gefühl in ihre Worte. Aber sie redet so leise, dass man sie kaum verstehen kann.

„Lauter!", ruft Jasper.

Jule unterbricht sich erschrocken. Doch dann fängt sie sich wieder, beginnt noch mal von vorn und spricht den Text jetzt laut und deutlich.

Spontan klatschen die Kinder Beifall. Eine un-

F. Zeitz: Leseförderung mit Erzähltexten aus dem Schüleralltag
© Persen Verlag

glaubliche Erleichterung beginnt sich in Jule auszubreiten. Doch als sie zufällig in Susis hasserfüllten Gesichtsausdruck schaut, ist sie erschrocken.

Frau Kriegel räuspert sich. „Ich habe mir inzwischen überlegt, dass es gar nicht so schlecht ist, wenn wir die Hauptrolle doppelt besetzen. Falls mal eine von euch ausfällt. Wir spielen ja vor den Eltern, für die Schüler der oberen Klassen, für die Unterstufe und im Altenheim. Ihr könnt also beide zwei Mal auftreten."

Alle wissen natürlich, dass die Aufführung bei der Jubiläumsfeier vor Eltern und Lehrern die wichtigste ist. Für Jasper, Rike und ihre Freunde ist klar, dass Jule dann die Hauptrolle spielen muss.

Bei den nächsten Proben wird deutlich, wie sehr Susi um die Hauptrolle kämpft. Sie kann den Text perfekt auswendig und ist übereifrig bei der Sache. Aber ihr Spiel bleibt steif und unlebendig.

So ist es nicht verwunderlich, dass Frau Kriegel Jule für die Premiere als Hauptdarstellerin vorsieht. Susi schnauft verächtlich und wendet sich enttäuscht ab.

*****

Mit Spannung erwarten die Kinder den Jubiläumstag.

Schließlich ist er da, der Tag der Aufführung. Und alle sind beschäftigt. Während einige Kinder den Schauspielern in die Kostüme helfen, legen andere fieberhaft letzte Hand an das riesige Bühnenbild.

In dem ganzen Durcheinander steht Jule am Fenster und versucht ihr Lampenfieber zu bekämpfen.

„Du siehst echt klasse aus", sagt Robin und Jule spürt, wie ihr Gesicht zu glühen beginnt. In diesem Augenblick geht Susi an ihr vorbei, stolpert, und ein Becher voll roter Farbe ergießt sich über Jules Kleid.

Jule schreit auf. Erschrocken eilt Frau Kriegel herbei.

„Sorry, bin gestolpert", sagt Susi. „Ich wollte den Farbbecher nur wegstellen, damit keiner dagegenstößt."

Frau Kriegl wendet sich an Jule: „Schnell, zieh das Kleid aus und steck es in einen Eimer Wasser! Wenn es sofort eingeweicht wird, geht die Farbe wieder raus."

„Aber spielen kann sie in dem Kleid heute ja wohl nicht.", erklärt Susi. „Zum Glück hab' ich mein Kostüm mitgebracht. Ich könnte einspringen." Frau Kriegel sieht Susi lange schweigend an.

„Ich hab' auch ein weißes Kleid. Das kann ich Jule leihen. Dann kann sie doch spielen", schlägt Rike vor.

„Wie soll das denn gehen?", fragt Susi mit säuerlicher Miene. „Die Vorstellung fängt in einer halben Stunde an!"

„Ich hol' das Kleid!", ruft Jasper. „Leon, schnell, den Schlüssel für dein Rennrad!" Dann fällt ihm noch etwas ein: „Während ich unterwegs bin, kann Rike schon mal ihre Mutter anrufen, damit sie Bescheid weiß."

„Fahr aber bitte vorsichtig, Jasper!", ermahnt Frau Kriegel. „Notfalls fangen wir ein paar Minuten später an."

Aufgeregt läuft Jule zur Toilette, um das Kleid einzuweichen.

Jetzt beginnt ein banges Warten. Immer wieder schaut Jule auf ihre Uhr.

Noch 10 Minuten! Noch 5 Minuten! Noch 2 Minuten!

Plötzlich geht die Tür auf und alle starren gespannt zum Eingang. Doch es ist nur Frau Beckstein.

Sie ruft: „Ihr könnt anfangen!"

Ratlos sehen die Kinder Frau Kriegel an.

In diesem Augenblick schreit Robin: „Er kommt!" Durchs Fenster konnte er den Schulhof beobachten. „Na, dann werd' ich den Leuten erst mal etwas über das Stück erzählen", sagt Frau Kriegel. „Beeil dich, Jule!"

Alles klappt bestens. Am Ende klatschen die Zuschauer begeistert Beifall und Jule ist überglücklich.

„Das hab' ich nur euch zu verdanken!", sagt sie zu ihren Freunden und schaut dabei Robin an. Fast sieht es so aus, als ob jetzt Robin rot wird.

Wie viel Geld gibt der Großvater den beiden Kindern?

Kaufst du dir auch manchmal Kleidung von deinem gesparten Geld?

Was meinst du, warum Frau Kriegel Susi so lange schweigend angeschaut hat?

Beantworte die Fragen mit dem Stiftzeichen in deinem Heft.
Wenn du bei den Aufgaben unsicher bist, überfliege den Text noch einmal.
Bevor du mit den Aufgaben beginnst, unterstreiche im Text die Schlüsselwörter.

1. **Fragen zum Text.**

   a) Was hat sich Jule zum Geburtstag gewünscht?
   b) Was will die Klasse beim Schuljubiläum aufführen?
   c) Welche beiden Mädchen sind für die Hauptrolle vorgesehen?

2. **Welche Aussage stimmt? Kreuze an.**

Aussage	richtig	falsch
Jule ist enttäuscht, weil ihr Wunsch nicht in Erfüllung gegangen ist.		
Der Großvater gibt seinen Enkeln nur 2 Cent Kirmesgeld.		
Am Nachmittag wollen Jasper und Jule mit ihren Freunden zur Kirmes gehen.		
Jule möchte sich ein Kleid von ihrem Spargeld kaufen.		
Rike kämpft mit Susi um die Hauptrolle im Theaterstück.		
In letzter Minute kommt Jasper mit Rikes weißem Kleid.		

3. **Wie hat sich Susi Jule gegenüber verhalten? Kreuze an.**

   ① missgünstig   ② feinfühlig   ③ boshaft
   ④ geduldig   ⑤ übelwollend   ⑥ scheinheilig

4. **Verbinde die Synonyme (Begriffe mit gleicher oder ähnlicher Bedeutung) miteinander.**

enttäuscht	geeignet	Kirmes	Schauspiel
unglaublich	vollkommen	Geburtstag	Auftritt
ideal	stumm	Theaterstück	Jahrmarkt
perfekt	unzufrieden	Szene	Selbstgespräch
verächtlich	unwahrscheinlich	Monolog	Kulisse
schweigend	hilflos	Publikum	Ehrentag
aufgeregt	abschätzig	Bühnenbild	Aufführung
ratlos	nervös	Vorstellung	Zuschauer

F. Zeitz: Leseförderung mit Erzähltexten aus dem Schüleralltag
© Persen Verlag

5. Finde selbst Wörter, die die gleiche Bedeutung haben.

    a) wünschen   b) strahlen   c) flüstern
    d) anfangen   e) fragen   f) leihen

6. Streiche in den folgenden beiden Sätzen alle ausschmückenden und überflüssigen
Wörter durch und schreibe den „Rumpfsatz" in dein Heft.

    a) Susi, die missgünstige und neidische Klassenkameradin, kämpft mit viel Fleiß und
       übertriebenem Eifer um die heiß begehrte Hauptrolle.
    b) Die aufgeregte Jule, die in Gedanken schon bei dem Theaterstück ist, steht mit weichen Knien
       und einem Grummeln im Bauch am Fenster und versucht verzweifelt, ihr Lampenfieber zu
       bekämpfen.

7. Wandle die wörtliche Rede in die indirekte Rede um.

    a) „Es ist eine Rolle mit sehr viel Text", sagt die Lehrerin.
       Die Lehrerin sagt, es sei …
    b) „Ich würde die Rolle so gern spielen", sagt Jule.
    c) Rike erklärt: „Jule spielt die Rolle bestimmt gut!"
    d) „Ich bin gestolpert", behauptet Susi.
    e) Susi meint: „Spielen kann Jule in dem Kleid heute nicht."
    f) Frau Kriegel sagt: „Beeil dich, Jule!"

8. Fasse in wenigen Sätzen zusammen, was kurz vor der Premiere passiert.
Denk daran, dass man Inhaltsangaben im Präsens (Gegenwart) schreibt
und dass in ihr keine wörtliche Rede vorkommt.

Abpfiff! – Das war's! 25 : 9 verloren. Blamage für die Mädchen.

Sie hatten im Sportunterricht die Handballregeln gelernt und zum Abschluss ein Spiel ausgetragen. Jungen gegen Mädchen.

Natürlich sollten alle zum Einsatz kommen, obwohl es zwei Mädchen mehr als Jungen sind. „So genau nehmen wir das nicht", meinte Frau Beckstein.

Bei den Jungen war Robin der Kapitän, bei den Mädchen Susi Littmann. Und die beiden Kapitäne sollten auch die Auswechslungen vornehmen. Klar, dass das bei den Mädchen nicht gut gehen konnte!

„Vielleicht wär's besser gewesen, wenn wir uns nicht die ganze Zeit gestritten hätten!", seufzt Jule.

Rike gibt ein frustriertes Grunzen von sich. „Oder wenn wir ein bisschen besser gespielt hätten."

„Hey, was regt ihr euch auf?", fragt Leon grinsend. „War doch eh klar, dass ihr verlieren würdet, hm?"

Jule nimmt einen tiefen Atemzug. Ein Blick zu Rike verrät ihr, dass ihre Freundin mindestens genauso genervt ist wie sie selbst.

Doch Manni scheint das alles sogar noch witzig zu finden. „Hey, wie cool ist 'n das!", ruft er seinen Kumpels zu. „Die Mädels hatten echt gedacht, sie könnten gewinnen. Ich fass es nicht!"

Mit einem letzten giftigen Blick zu den Jungen stapft Jule hinter Rike in den Umkleideraum.

Am nächsten Tag versammelt Jule in der großen Pause die Mädchen um sich.

„Ich hab' echt keinen Nerv, mir noch mal die blöden Sprüche der Jungs anzuhören! Das nächste Handballspiel müssen wir gewinnen!"

„Toller Plan!", blafft Susi Littman Jule an. „Und wie soll das gehen? Soll ich vielleicht ein paar Typen aus meinem Handballverein unbemerkt in unsere Mannschaft schmuggeln?"

Jule holt tief Luft. Jetzt kommt der schwerste Teil

ihres Plans. „Klar, dass wir heimlich trainieren müssen", sagt sie. „Ebenfalls klar, dass Susi unsere Trainerin sein muss." Diese Maßnahme ist wichtig, so sehr es Jule auch widerstrebt, denn Susi hat als Tochter des Hausmeisters Zugang zum Sporthallenschlüssel. Und außerdem ist sie auch die Einzige, die wirklich gut im Handball ist.

Susi macht große Augen. Mit einem solchen Vorschlag hat sie offenbar nicht gerechnet. Einen Moment lang tut sie noch so, als müsse sie sich die Sache erst noch überlegen. Nicht, dass man ihr nicht trotzdem ansehen würde, wie begeistert sie von der Vorstellung ist, die wichtigste Person im Plan der Mädchen zu sein. Wahrscheinlich wird sie jetzt noch eingebildeter, denkt Jule.

„Also gut!", gibt sich Susi schließlich mit gequälter Miene geschlagen. „Ihr müsst aber versprechen, dass ihr euch hundertprozentig an meine Anweisungen haltet!"

Lara verdreht die Augen, öffnet den Mund, doch Jule fällt ihr rasch ins Wort: „Kein Problem, Susi. Beim Training bist du die Chefin, ist doch klar."

„Okay." Susi richtet sich zu voller Größe auf. „Wir können jeweils eine Stunde vor meinem Vereinstraining am Donnerstag in der Halle spielen. Wenn mein Vater mal vorbeikommen sollte, sagen wir einfach, dass wir uns schon fürs Training warm machen."

„Wie findet ihr das?" Rike sieht die anderen Mädchen an. Einige nicken, andere sehen weniger begeistert aus. Schließlich aber erklären sich alle einverstanden und Jule malt sich den zukünftigen Sieg in den schönsten Farben aus.

*****

„Mein Gott, stell dich doch nicht so dämlich an!", schreit Susi. „Du darfst den Ball nicht länger als drei Sekunden halten!"

„Hab' ich doch gar nicht!" Am liebsten würde Jule Susi ins Gesicht springen, doch sie kneift die Lippen zusammen und wirft den Ball Saskia zu.

Seit vier Wochen trainieren sie nun schon und haben sich auch tatsächlich stark verbessert. Aber Susi meckert bei jeder Kleinigkeit.

„Das ist gut so", meint Rike, „sonst hätten wir uns nicht so angestrengt."

Von Woche zu Woche haben sich die Mädchen verbessert. Sie wissen jetzt genau, wer auf welcher Position am besten ist und üben verschiedene Spielzüge ein.

Nach sieben Wochen fragt Jule in der Sport-

F. Zeitz: Leseförderung mit Erzähltexten aus dem Schüleralltag
© Persen Verlag

stunde Frau Beckstein, ob sie nicht mal wieder ein Handballspiel austragen könnten.

„Was meint ihr dazu?", fragt Frau Beckstein die Jungen.

„Wenn die Mädchen unbedingt noch mal abgezogen werden wollen, meinetwegen", sagt Manni und die anderen Jungen brechen in Gelächter aus.

„Also gut, nächsten Dienstag in den ersten beiden Sportstunden", sagt Frau Beckstein, runzelt aber die Stirn und wirft den Mädchen einen fragenden Blick zu.

„Die Jungs sind so wahnsinnig gut, vielleicht können wir von ihnen was lernen", verkündet Susi mit scheinheiligem Gesichtsausdruck.

Am Dienstag sind die Mädchen ganz aufgeregt, als sie morgens in den Umkleideraum gehen.

Jule hätte beinahe auf eine Plastiktüte getreten, als Saskia aufschreit: „Vorsicht! Da sind meine Schokoküsse drin. Ich hab' doch heute Geburtstag."

„Ja, richtig. Herzlichen Glückwunsch. Die Schokoküsse kannst du den Jungen nach dem Spiel als Trost geben."

„Hoffentlich brauchen wir keinen Trost." Sevim ist nicht so zuversichtlich wie die anderen.

Endlich Anpfiff.

Die Mädchen stürmen sofort los und haben schon nach zehn Sekunden das erste Tor erzielt. Den Angriff der Jungen wehren sie ab und führen kurz darauf mit 2 : 0.

Zunächst läuft alles gut. Die Mädchen können ihre Spielzüge einsetzen und liegen zur Halbzeit mit fünf Toren vorn.

Doch nach der Halbzeit, als sie den Sieg schon sicher glaubten, spielen sie plötzlich unkonzentriert und die Jungen holen auf.

21 : 21!

Jule feuert die Mädchen an. Aber irgendwie scheint der Faden gerissen. Plötzlich liegen die Jungen mit zwei Toren in Führung.

Schon wieder Ballbesitz für die Jungen. Aber der langen Rike gelingt es, den Ball abzufangen. Sie wirft ihn Susi zu. Gerade als sie zum Torwurf ausholt, greift Manni ihr in den Wurfarm.

Siebenmeter!

Das lässt sich Susi nicht nehmen. Gezielt setzt sie den Ball in die obere linke Ecke des Tores.

Den nächsten Angriff der Jungen können sie abwehren. Sie stürmen nach vorn und Saskia ge-

lingt ein weiteres Tor. Unentschieden!

Endlich scheint bei den Mädchen der Siegeswille wieder erwacht zu sein. Sie bleiben konzentriert und erzielen jetzt wieder ein Tor nach dem anderen. Zum Schluss siegen sie mit 32 : 28.

Geschockt, ratlos und sehr kleinlaut schleichen die Jungen in den Umkleideraum.

„Wie konnte das nur passieren?" Jasper kann es nicht fassen.

Selbst im Klassenzimmer rätseln die Jungen immer noch, wieso die Mädchen auf einmal so gut spielen konnten.

Mit koketter Geste wirft Saskia die Haare in den Nacken. „Hallo? Ihr habt doch wohl nicht ernsthaft geglaubt, ihr wäret besser als wir?"

Mannis Miene verfinstert sich und Leon macht Anstalten, sich auf Saskia zu stürzen, doch Jule springt dazwischen.

„Regt euch ab, war doch nur Spaß! Außerdem: Wenn ihr Saskia ärgert, von wem wollt ihr dann den Trostpreis bekommen, na?"

Saskia zieht zwei Schachteln mit je 20 Schokoküssen aus ihrer Plastiktüte.

Die Mädchen sind heute großzügiger als sonst und erlauben, dass sich jeder Junge zwei nehmen darf. Die Mädchen bekommen jeweils einen und die reslichen zwei schenkt Saskia Frau Beckstein.

„Wenn das so abläuft", nuschelt Manni mit vollem Mund, „dann lassen wir euch nächstes Mal wieder gewinnen."

Jule runzelt die Augenbrauen, doch Manni hebt sofort die Hände: „War nur 'n Scherz! Ehrlich! Ihr habt schon verdient gewonnen – fürs Erste."

> Kannst du herausfinden, wie viele Schüler in der Klasse sind?
> Wie viele Jungen, wie viele Mädchen?
>
> *Wie ist das in eurer Klasse? Gibt es Spannungen zwischen Jungen und Mädchen?*

Beantworte die Fragen mit dem Stiftzeichen in deinem Heft.
Wenn du bei den Aufgaben unsicher bist, überfliege den Text noch einmal.
Bevor du mit den Aufgaben beginnst, unterstreiche im Text die Schlüsselwörter.

1. Fragen zum Text.

    a) Wer ist Kapitän bei den Jungen?
    b) Wo trainieren die Mädchen?
    c) Wie lange trainieren die Mädchen?
    d) Wie heißt die Sportlehrerin?
    e) Wer hat Geburtstag?
    f) Wer wirft den Strafwurf?

2. Nummeriere die Zeilen in der richtigen Reihenfolge. 1–12

	Erst als die Jungen plötzlich in Führung liegen, kämpfen die Mädchen wieder.
	Susi kann am besten Handball spielen, darum soll sie die Trainerin sein.
	Die Jungen erklären sich einverstanden.
	Beim Handballspiel haben die Mädchen haushoch gegen die Jungen verloren.
	Anfangs läuft alles gut und die Mädchen führen zur Halbzeit.
	Nach etlichen Wochen bittet Jule die Sportlehrerin um ein erneutes Handballspiel.
	In der zweiten Halbzeit können die Jungen aufholen.
	Am Ende siegen die Mädchen mit vier Toren Unterschied.
	Weil die Jungen die Mädchen verspottet haben, wollen sie es ihnen heimzahlen.
	Obwohl sie sich auch beim Training oft streiten, verbessern sie ihre Technik.
	Vor dem Spiel sind die Mädchen sehr aufgeregt.
	Sie beschließen, heimlich zu trainieren.

3. Welche Aussage stimmt? Kreuze an.

  ① Die Jungen haben gewonnen, obwohl sie sich dauernd gestritten haben.
  ② Jule versammelt in der großen Pause die Mädchen um sich.
  ③ Beim heimlichen Training verlangt Susi, dass sich alle an ihre Anweisungen halten.
  ④ Trotz des wochenlangen Trainings verbessern sich die Mädchen nicht.
  ⑤ Jule bittet Frau Beckstein, noch einmal gegen die Jungen antreten zu dürfen.
  ⑥ Am Spieltag hat Rike Geburtstag.
  ⑦ Zur Pause führen die Mädchen.
  ⑧ Die zweite Halbzeit entscheiden die Jungen für sich.
  ⑨ Die Jungen können es nicht fassen, dass die Mädchen tatsächlich gewonnen haben.
  ⑩ Wegen ihres Sieges nehmen sich die Mädchen jeweils zwei Schokoküsse.

F. Zeitz: Leseförderung mit Erzähltexten aus dem Schüleralltag
© Persen Verlag

4. Welcher der folgenden Ausdrücke passt zu den Textstellen? Trage ein.

a) erstaunt   b) beherrscht   c) angeberisch   d) höhnisch   e) wütend   f) verzagt   g) einsichtig

	Textstellen	passender Ausdruck
A	„Die Mädels hatten echt gedacht, sie könnten gewinnen. Ich fass' es nicht!"	
B	Mit einem letzten giftigen Blick zu den Jungen stapft Jule hinter Rike in den Umkleideraum.	
C	Susi macht große Augen. Mit einem solchen Vorschlag hat sie offenbar nicht gerechnet.	
D	Am liebsten würde Jule Susi ins Gesicht springen, doch sie kneift die Lippen zusammen und wirft den Ball Saskia zu.	
E	„Das ist gut so", meint Rike „sonst hätten wir uns nicht so angestrengt."	
F	„Wenn die Mädchen unbedingt noch mal abgezogen werden wollen, meinetwegen", sagt Manni.	
G	„Hoffentlich brauchen wir keinen Trost." Sevim ist nicht so zuversichtlich wie die anderen.	

5. Schildere das zweite Handballspiel mit deinen Worten.

6. Welches Sprichwort passt deiner Meinung nach am besten zu der Geschichte. Kreuze an!

Welches Sprichwort passt gar nicht? Schreibe eine Null in das Kästchen.

	Aller Anfang ist schwer.			Wo ein Wille ist, da ist auch ein Weg.
	Angriff ist die beste Verteidigung.			Ende gut, alles gut.
	Wer nicht wagt, der nicht gewinnt.			Schadenfreude ist die schönste Freude.
	Die Hoffnung stirbt immer zuletzt.			Vorbeugen ist besser als heilen.
	Übung macht den Meister.			Wer zuletzt lacht, lacht am besten.

„Also, jetzt bin ich es wirklich leid!", schimpft Papa beim Frühstück.

Jasper und Jule schauen erschreckt auf.

„Die Wildkaninchen fressen uns noch all die jungen Blätter von den Pflanzen!" Energisch schlägt Papa mit der Hand auf den Frühstückstisch, dass die Tassen wackeln. „Morgen ziehe ich einen Maschendrahtzaun um das Gemüsebeet! Oder wollt ihr in Zukunft auf frisches Gemüse und leckeren Salat verzichten?"

Alle schütteln den Kopf. Papa schaut zufrieden in die Runde. „Also abgemacht! Heute Nachmittag bringe ich schon mal eine Rolle Maschendraht mit. Will einer von euch mit in den Baumarkt?"

„Nee, heute nach der Schule gehen wir mit unseren Freunden in den Schönauer Forst", sagt Jasper. „Manni helfen beim Baumhausbauen oder was auch immer."

Mama runzelt die Stirn. „Der Schönauer Forst ist aber ziemlich weit weg. Ist das nicht gefährlich?"

„Mann, Mama!" Jasper verdreht die Augen. „Wir sind doch so viele. Was soll da schon passieren?"

„Meinetwegen, aber ihr müsst pünktlich um acht Uhr zu Hause sein. Sonst machen wir uns Sorgen."

Jasper nickt. „Klar, acht Uhr ist okay!"

Am frühen Nachmittag treffen sich die Freunde am Sportplatz. Manni, Robin, Leon, Rike, Jasper und Jule – alle sind gekommen. Angeführt von Manni machen sich die Freunde auf den Weg.

Als sie den Schönauer Forst erreichen, sieht Jule auf ihre Uhr. Gut eine Dreiviertelstunde haben sie gebraucht. „Das heißt, dass wir spätestens um Viertel nach sieben hier wieder aufbrechen müssen", sagt sie zu Jasper.

Der nickt nur. Ihn interessiert jetzt in erster Linie der Baum, den Manni für das Baumhaus ausgesucht hat. Die dicke Eiche scheint ideal zu sein. Sie hat bis tief unten dichtes Blattwerk, sodass man vom Weg aus kaum gesehen werden kann.

„Hey, ihr Schlaumeier, hätten wir nicht eigentlich Bretter, Seile, Nägel und so 'n Zeug mitnehmen sollen?", fragt Robin.

„Wieso, wir nehmen einfach dicke Äste", brummt Manni. „Das Zeug liegt hier ja massenhaft rum." Mit Handwerker-Miene macht sich Manni an die Arbeit.

Doch bald schon zeigt sich den Freunden, dass es gar nicht so einfach ist, die Äste im Baum zu befestigen. Wenn Robin nicht eine Rolle Bindfaden mitgebracht hätte, wäre das ganze Gebilde schon längst in sich zusammengestürzt.

„Wir brauchen auch noch Zweige, um die Zwischenräume auszufüllen!", sagt Jasper und hält einen Kiefernzweig in die Luft.

„Mit Kiefernnadeln?" Rike stöhnt genervt. „Warum nicht gleich mit Messerklingen?"

„Hey, Jasper, ich hatte eigentlich nicht vor, ein Nagelbrett zu bauen ..."

Schließlich sitzen die Freunde sehr eng beieinander auf dem dicken Eichenast und begutachten ihre Baukunst.

Manni rüttelt an den zusammengeschnürten Ästen. „Ich denke, wir sollten alle lieber 'ne Lebensversicherung abschließen!"

„Morgen bringen wir Bretter und Werkzeug mit und stabilisieren das Ganze", schlägt Robin vor. „Super Idee!"

Plötzlich sehen sie eine Gruppe Senioren über den Waldweg auf sie zukommen.

„Kommt, Leute, lasst uns mal testen, ob die Typen uns von unten sehen können!", schlägt Leon vor.

Leise beobachten alle, wie die Senioren näherkommen. Als die älteren Herrschaften aber sang- und klanglos an ihrer Eiche vorbeiwandern, beginnt Manni plötzlich Eicheln zwischen die Leute zu werfen.

Empört drehen sich die alten Leute um und kommen auf das Baumhaus zu.

„Was fällt euch ein da oben?", ruft einer der Männer und droht den Kindern mit der Faust. Doch Manni und Leon lachen nur, während sich Rike mit rotem Kopf prustend hinter Jule versteckt.

Kopfschüttelnd setzen die Senioren ihre Wanderung fort.

„Das war cool", sagt Leon. „Los, lasst uns mal ausspionieren, was der Rentnerclub als Nächstes vorhat!"

In aufgedrehter Stimmung klettern alle vom Baum und schleichen hinter der Wandergruppe her. Sie versuchen, möglichst leise zu sein und Jule spürt, dass die Sache anfängt, richtig aufregend zu werden.

An einem Hügel gelingt es den Freunden schließlich, den Weg ein Stück abzukürzen und sich im Gebüsch zu verstecken. Sekunden später tauchen hinter der Wegbiegung tatsächlich die ersten Senioren auf.

Über Zeichensprache fordert Manni die anderen auf, sich mit Tannenzapfen zu bewaffnen. Doch

F. Zeitz: Leseförderung mit Erzähltexten aus dem Schüleralltag
© Persen Verlag

als Rike gerade einen Zapfen werfen will, wird plötzlich von hinten ihr Arm ergriffen. Erschrocken starrt sie in das Gesicht eines ärgerlichen Mannes.

„Nun ist es aber genug!", schimpft der Mann. „Wie heißt du und wo wohnst du?"

Rike stottert ihren Namen und ihre Adresse.

„Dann werde ich mal mit deinen Eltern reden!", droht der Mann.

„Bitte nicht!", sagen Jasper und Manni wie aus einem Mund.

„So? Das gefällt euch also nicht. Aber harmlose Wanderer ärgern, das findet ihr gut."

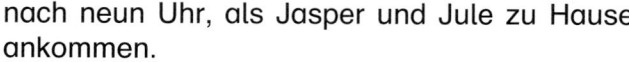

„Wir wollten doch nur Spaß machen", beteuert Jule.

„Das ist aber kein Spaß!" Der Mann macht ein ganz finsteres Gesicht.

„Entschuldigung!", stammelt Jule.

„So einfach kommt ihr mir nicht davon! Kommt mal mit!"

Mit betretenen Gesichtern gehen die Freunde hinter dem Mann her bis zum Wanderweg.

„Seht euch mal hier um! Alles voller Abfall!"

„Das waren wir nicht!", protestiert Robin.

„Glaub' ich euch sogar. Aber jetzt seid ihr dafür zuständig. Dort bei der Bank ist ein Papierkorb."

„Voll unfair!", brummt Manni. „Wo sind wir hier eigentlich? Bei der Müllabfuhr oder was?"

„Ach unfair ist das? Okay, na, da bin ich ja mal gespannt, was eure Eltern dazu sagen."

„Nee, nee, schon in Ordnung!", sagt Jasper und auch die anderen nicken.

Mit strengen Mienen setzen die alten Leute ihre Wanderung fort.

„Los, machen wir uns an die Arbeit. Ehe ich riskiere, dass diese Gruftis bei meinen Eltern auftauchen, würde ich sogar einen Ziegenstall ausmisten", sagt Rike und beginnt, Abfall aufzusammeln.

Es dauert gar nicht so lange. In wenigen Minuten ist die Gegend um die Bank sauber. Sie legen sogar ihren Ehrgeiz darein, noch ein ganzes Stück weiter nach Abfall zu suchen.

Plötzlich schreit Jule erschrocken auf: „Es ist schon halb neun!"

In rasender Eile machen sich die Freunde auf den Heimweg. Sie rennen so lange, bis sie Seitenstiche bekommen. Trotzdem ist es schon nach neun Uhr, als Jasper und Jule zu Hause ankommen.

Dort erwartet sie ein Donnerwetter. Mama und Papa sind ganz außer sich und machen den Kindern bittere Vorwürfe.

Das Abendessen verläuft in eisigem Schweigen. Danach verziehen sich die Kinder in ihre Zimmer.

Auch am nächsten Tag beim Frühstück ist die Verstimmung den Eltern noch immer anzumerken.

„Ihr könnt etwas wiedergutmachen", sagt Papa, „wenn ihr ordentlich beim Zaun um den Gemüsegarten helft."

„Aber Papa, heute wollten wir eigentlich unser Baumhaus fit machen", jammert Jasper, „das kannst du uns doch nicht verderben."

„Und was ist mit mir? Ich gehe doch jeden Freitagabend zum Tischtennis. Darauf freue ich mich auch die ganze Woche. Aber damit war's gestern nichts. Stattdessen haben wir vor lauter Sorgen graue Haare bekommen."

Jasper und Jule sehen sich schuldbewusst an. Na ja, dagegen ist nichts zu sagen. Sie würden heute wohl im Garten arbeiten.

„Wenn wir uns beeilen, bleibt vielleicht nachmittags noch Zeit für euer Baumhaus", lenkt Papa ein wenig tröstend ein.

„Dann kommt endlich!" Jasper steht schon mit seinem Brötchen in der Hand am Türpfosten.

„Mal langsam! Erst müssen wir noch zum Baumarkt fahren, um die Zaunpfähle zu kaufen. Ich denke, dass wir rundherum auf jeder Seite fünf Stück brauchen.

„Vier mal fünf, also 20 Stück", stellt Jasper fest.

„Nein, nur 16 Stück", meint Jule.

Was meinst du? Wer hat recht?

War der Scherz mit den alten Leuten harmlos?

Was machst du, wenn du mit deinen Eltern Ärger hast?

Beantworte die Fragen mit dem Stiftzeichen in deinem Heft.
Wenn du bei den Aufgaben unsicher bist, überfliege den Text noch einmal.
Bevor du mit den Aufgaben beginnst, unterstreiche im Text die Schlüsselwörter.

1. Fragen zum Text.

a) Jaspers und Jules Vater will einen Zaun um das _____ ziehen.

b) Die Kinder wollen sich mit ihren Freunden treffen, um ein _____ zu bauen.

c) Wie heißen die sechs Freunde? _____

_____

d) Da die Kinder keine Bretter haben, nehmen sie _____.

e) Die Zwischenräume füllen sie mit _____ aus.

f) Wer hat eine Rolle Bindfaden mitgebracht? _____

g) Weil die Kinder die Seniorengruppe geärgert haben, sollen sie zur Strafe

_____.

2. Was haben Jasper und Jule mit ihren Eltern vereinbart?

3. Kreuze alle zutreffenden Punkte an.

In der Einleitung erhält der Leser Informationen über …

① die beiden Hauptpersonen.
② den Hauptort der Handlung.
③ die Ankündigung einer Arbeit, die am Schluss zur Wiedergutmachung führt.
④ die Verabredung, die zum Problem der Geschichte wird.
⑤ den Treffpunkt der Freunde.

4. Fasse Einleitung, Hauptteil und Schluss mit wenigen Sätzen zusammen.

Einleitung: …
Hauptteil: …
Schluss: …

F. Zeitz: Leseförderung mit Erzähltexten aus dem Schüleralltag
© Persen Verlag

5. Erkläre mit deinen Worten folgende Begriffe.

   a) begutachten
   b) stabilisieren

6. Finde selbst Synonyme (Begriffe mit gleicher oder ähnlicher Bedeutung) für folgende Ausdrücke.

   a) Senioren
   b) sang- und klanglos

7. Wie beurteilst du die Handlungsweise der Eltern?

  ① Die Eltern haben überreagiert. So schlimm war das Vergehen der Kinder nicht.
  ② Das Verhalten der Eltern ist verständlich. Sie haben sich große Sorgen gemacht.
  ③ Es hätte ausgereicht, wenn die Eltern die Kinder ausgeschimpft hätten.
  ④ Die Kinder hätten eine viel härtere Strafe verdient.
  ⑤ Da die Eltern bemerkt haben, dass die Kinder schuldbewusst sind, hätten sie gar nichts sagen sollen.

8. Setze die zu den Textstellen passenden Ausdrücke ein.

  a) *verstimmt* b) *erbost*   c) *ironisch*   d) *ungeduldig*   e) *knifflig*
  f) *besorgt*   g) *verwirrt*   h) *beschwichtigend* i) *übermütig*   j) *kritisch*

A	„Der Schönauer Forst ist aber ziemlich weit weg. Ist das nicht gefährlich?"	
B	„Hey, ihr Schlaumeier, hätten wir nicht eigentlich Bretter, Seile, Nägel und so 'n Zeug mitnehmen sollen?"	
C	Doch bald schon zeigt sich den Freunden, dass es gar nicht so einfach ist, die Äste im Baum zu befestigen.	
D	„Ich denke, wir sollten alle lieber 'ne Lebensversicherung abschließen!"	
E	„Was fällt euch ein da oben?", ruft einer der Männer und droht den Kindern mit der Faust.	
F	In aufgedrehter Stimmung klettern alle vom Baum und schleichen hinter der Wandergruppe her.	
G	Rike stottert ihren Namen und ihre Adresse.	
H	„Nee, nee, schon in Ordnung!", sagt Jasper und auch die anderen nicken.	
I	Das Abendessen verläuft in eisigem Schweigen.	
J	„Dann kommt endlich!" Jasper steht schon mit seinem Brötchen in der Hand am Türpfosten.	

„In wenigen Minuten erreichen wir Berlin Hauptbahnhof", tönt es aus dem Lautsprecher.

Onkel Bernd ist mit Jule und Jasper schon vorher in Richtung Ausgang gegangen.

Die Kinder sind bei Tante Ruth, Papas Schwester, eingeladen. Weil Onkel Bernd in Cottbus zu tun hat, hat er sich angeboten, die Zwillinge bis Berlin zu begleiten.

Der Zug hält. Die Türen öffnen sich und die Leute drängen hinaus. Auch Onkel Bernd steigt aus und Jule tritt hinter ihm auf den Bahnsteig, doch Jasper muss noch warten. Ungeduldig steht er hinter einer dicken Frau, die umständlich mit ihrem Gepäck hantiert.

„Nun drängel mal nicht so, Jungchen!", schimpft sie, „ich beeile mich ja schon."

Beeilen ist was anderes, denkt Jasper, doch er bemüht sich, die Frau nicht noch mal anzustoßen.

Endlich ist es geschafft. Jasper reicht ihr die zweite Reisetasche heraus. Dann springt er schnell auf den Bahnsteig. Wo sind Jule und Onkel Bernd? Nirgendwo zu sehen!

Wahrscheinlich haben sie angenommen, dass ich direkt hinter ihnen wäre, schießt es Jasper durch den Kopf, während er Richtung Ausgang den Bahnsteig entlang hastet. Nervös versucht er, sich möglichst schnell mit seinem breiten Rucksack zwischen den vielen Leuten hindurchzuschlängeln. Mehrfach hört er wütendes Schimpfen.

Mit der Rolltreppe geht es ein Stockwerk tiefer. Er dreht sich nach allen Seiten um. Ratlos beugt er sich über das Geländer einer Brüstung: Himmel, wie viele Stockwerke gibt es hier eigentlich? Nirgendwo sind Onkel Bernd oder Jule zu sehen.

Nur keine Panik! Fieberhaft spielt Jasper im Kopf durch, was die Eltern ihnen für einen solchen Notfall eingeprägt haben. Man kann ruhig um Hilfe bitten, aber auf keinen Fall soll man sich dabei an einen einzelnen Mann wenden. Am besten wäre es, einen Polizisten zu finden. Einen Polizisten, okay.

Die Zähne in die Unterlippe verbissen sieht sich Jasper in seiner näheren Umgebung um. Die Leute scheinen es alle ziemlich eilig zu haben. Manche rennen sogar. Nur ein Polizist ist nirgendwo zu sehen.

„Na, Kleener, haste dir valoofen?"

Erschrocken fährt Jasper herum. Neben ihm steht ein Mann mit einer Flasche in der Hand. Er sieht schmuddelig und unrasiert aus. Außerdem riecht er nach Alkohol.

Jasper dreht sich auf dem Absatz um und flieht in Richtung Rolltreppe, um noch eine Etage tiefer zu fahren. Hier muss doch irgendwo ein Ausgang sein!

Verzweifelt versucht er sich zu orientieren. Ausgang Europaplatz liest er. Mit langen Schritten rennt er Richtung Ausgang und bleibt erst stehen, als er sich draußen vor dem Bahnhof befindet.

Kein Onkel Bernd! Keine Jule!

Plötzlich sieht Jasper ein Schild zur S-Bahn.

Natürlich! Onkel Bernd hat doch gesagt, dass sie mit der S-Bahn fahren müssen.

Jasper hastet wieder in das Gebäude und folgt den Hinweisen zur S-Bahn. In der ersten Etage gibt es mehrere Schilder nach oben. Jedes mit einer anderen S-Bahn-Nummer.

Jasper stolpert die erste Treppe hoch. Die Rolltreppe ist ihm nicht schnell genug. Außer Atem kommt er oben an. Er geht den ganzen Bahnsteig ab, sieht auch zu den anderen Bahnsteigen hinüber. So weit er sehen kann, kein Onkel Bernd, keine Jule.

Jasper spürt, dass seine Augen feucht werden. Die Gedanken wirbeln nur so durch seinen Kopf. Eine Etage tiefer hat er doch Telefonsäulen gesehen. Na, klar! Er braucht doch nur Tante Ruth anzurufen. Sie kann ihn hier abholen. Die Nummer kennt er zwar nicht. Aber dafür gibt es schließlich die Auskunft.

Jasper rennt wieder nach unten und kramt dabei sein Portemonnaie aus der Hosentasche. An der Telefonsäule wirft er einen Euro ein – und stockt. Er weiß nicht die Nummer der Auskunft. Völlig verzweifelt kämpft Jasper mit den Tränen.

„Was ist denn nun? Willst du telefonieren oder nicht?" Ein Mann hat ihn von hinten angesprochen.

„Ich weiß die Nummer der Auskunft nicht", stammelt Jasper.

F. Zeitz: Leseförderung mit Erzähltexten aus dem Schüleralltag
© Persen Verlag

„Elf-acht-drei-drei", bellt der Mann und wendet sich einer anderen Telefonsäule zu, die gerade frei geworden ist.

Als Jasper die Nummer wählen will, fällt ihm ein, dass er ja nicht mal die Straße weiß, in der Tante Ruth wohnt. Dann wird ihm die Auskunft auch nicht helfen können.

Er weiß nicht mehr weiter. Jetzt laufen ihm doch ein paar Tränen über das Gesicht.

Doch wie auch immer – hier in dem Menschengewühl kann Onkel Bernd ihn jedenfalls nicht finden, so viel steht fest.

Am besten wird es sein, vor dem Eingang zu warten, denkt er. Langsam setzt er sich nach unten in Bewegung.

Plötzlich bleibt er abrupt stehen.

Ihm ist eine Idee gekommen. Er kann ja zu Hause anrufen! Die Eltern kennen doch Tante Ruths Nummer. Das ist die Lösung!

Er rennt wieder nach oben. An den Telefonsäulen überprüft er sein Geld. Das müsste reichen.

Mit vor Aufregung zitternden Fingern wählt er die Nummer. Ach, falsch! Er hat ja die Vorwahl vergessen. Noch einmal!

Endlich hört er den Rufton. Und dann Papas ruhige Stimme.

Jasper ruft in den Hörer: „Onkel Bernd und Jule sind weg! Ich weiß nicht, was ich machen soll! Ich ..." Seine Stimme verliert sich in einem heiseren Krächzen.

„Ganz ruhig, Jasper! Erklär' mir genau, wo du bist."

„Hä? Du kannst mich doch hier nicht abholen!"

„Ich nicht, aber Tante Ruth. Darum muss ich ihr sagen können, wo sie dich findet. Du bist also in einer Telefonzelle."

„An einer Telefonsäule ... im Bahnhof."

„Weißt du, wo der Ausgang ist?"

„Ja, da war ich vorhin. Heißt Europaplatz oder so." „Gut. Du gehst dort jetzt raus und wartest vor der Tür. Ich rufe Tante Ruth an. Sie holt dich dort ab. Das dauert aber bestimmt eine Stunde. Werde nicht ungeduldig! Geh auf keinen Fall weg!"

Jasper will noch etwas sagen, aber da ist die Verbindung schon unterbrochen. Er hat vergessen, Münzen nachzuwerfen.

Geschafft! Erleichtert macht sich Jasper wieder auf den Weg nach unten. Auf einmal hat er auch einen bewundernden Blick für dieses riesige Gebäude. Menschenmassen bewegen sich auf zahllosen Rolltreppen in vielen Etagen. Krass! Das muss er Manni erzählen.

Vor der Eingangstür setzt sich Jasper auf einen Betonsockel.

Plötzlich schreckt er durch einen Schrei auf. „Da ist er! – Jaaaasper!"

Jule rennt auf ihn zu: „Na, klasse! Wir suchen dich überall und du sitzt hier rum und träumst!" Hinter ihr kommt Onkel Bernd mit der schweren Reisetasche angelaufen.

„Mein Gott, Jasper, was hast du uns für Sorgen gemacht! Gut, dass dir nichts passiert ist. Alles okay?" Onkel Bernd ist die Erleichterung anzusehen.

Jasper schluckt. „Ich, äh ... klar, kein Problem. Hab' schon mal abgecheckt, was hier so los ist. Cooler Bahnhof übrigens!"

Jule dreht die Augen zum Himmel. „Klar! Sieht man dir ja auch gar nicht an, dass du geweint hast. Dass Jungs unbedingt immer cool sein wollen!"

Onkel Bernd klopft Jasper auf die Schulter. „Macht nichts, Jasper. Man kann ruhig mal weinen, wenn man Angst hat. Auch als Junge."

Jasper seufzt. „Na ja, was soll's. Hauptsache, ich bin gerettet."

Onkel Bernd sieht auf die Uhr. „Mehr als zwanzig Minuten haben wir dich gesucht. Das hat mich mindestens tausend graue Haare gekostet."

„Zwanzig Minuten?", fragt Jasper erstaunt. „Mir kam es länger als 'ne Stunde vor."

„Wir sind um 12.49 Uhr angekommen und jetzt ist es 13.15 Uhr", sagt Onkel Bernd. „Aber egal, mir hängt der Magen schon in der Kniekehle. Tante Ruth wartet bestimmt schon mit dem Mittagessen."

„Das Essen wirst du dir wohl kalt reinziehen müssen. Tante Ruth wird nämlich gleich hier auftauchen", meint Jasper. Dann erzählt er von seinem Anruf zu Hause.

„Mir bleibt aber auch nichts erspart. Sollte ich bis dahin verhungert sein, möchte ich hier vor dem Bahnhof begraben werden." Damit lässt sich Onkel Bernd auf einen Betonsockel nieder und grinst die beiden Kinder an.

Kannst du ausrechnen, wie viel Zeit vergangen ist, bis sich die drei wiedergefunden haben?

Was hättest du in einer solchen Situation gemacht?

Beantworte die Fragen mit dem Stiftzeichen in deinem Heft.
Wenn du bei den Aufgaben unsicher bist, überfliege den Text noch einmal.
Bevor du mit den Aufgaben beginnst, unterstreiche im Text die Schlüsselwörter.

1. Fragen zum Text.

    a) In welche Stadt fahren Jasper und Jule mit Onkel Bernd?
    b) Wie heißt ihre Tante?
    c) Wie heißt der Platz vor dem Bahnhof?
    d) Wen ruft Jasper an?

2. In jedem Satz ist ein Wort falsch.
Streiche es durch und ersetze es durch das richtige Wort.

    a) Jasper, Jule und Onkel Bernd kommen im Hamburger Hauptbahnhof an.
    b) Jasper versucht, sich mit seinem Koffer zwischen den Leuten hindurchzuschlängeln.
    c) Jasper findet keinen Landstreicher, den er um Hilfe bitten kann.
    d) Jasper erinnert sich, dass Onkel Bernd gesagt hat, dass sie mit der Straßenbahn fahren müssen.
    e) Jasper weiß die Nummer der Polizei nicht.
    f) Vor der Eingangstür setzt sich Jasper auf einen Zaun.
    g) Tante Ruth wartet schon mit dem Abendessen.

3. Was hättest du gemacht?

    Ich hätte ganz anders gehandelt: …

4. Finde andere Ausdrücke für folgende Begriffe.

    a) Stockwerk
    b) Landstreicher
    c) Telefonsäule
    d) Rufton

> **TIPP!** *Verwende ein Synonymwörterbuch.*

F. Zeitz: Leseförderung mit Erzähltexten aus dem Schüleralltag
© Persen Verlag

5. Vervollständige die Sätze mit deinen eigenen Worten.

  a) Die Zwillinge sind nach Berlin gefahren, weil …
  b) Jasper wird am Aussteigen gehindert, weil …
  c) Er sucht den Bahnsteig ab, doch …
  d) Auch draußen vor dem Bahnhof …
  e) Jasper will Tante Ruth anrufen, doch …
  f) Schließlich fällt ihm ein, dass …
  g) Sein Vater sagt ihm, dass …
  h) Als er vor dem Bahnhof wartet, …

6. Streiche die Begriffe, die in der Geschichte nicht vorkommen.

  a) Rolltreppe   b) Fahrkarte   c) Koffer   d) Stockwerk
  e) Ausgang   f) Betonsockel   g) U-Bahn-Schalter   h) Zug
  i) S-Bahn   j) Gepäck   k) Rucksack   l) Reisetasche
  m) Fahrstuhl

7. Vervollständige den Schluss der Geschichte mit wenigen Sätzen.

  Vor der Eingangstür setzt sich Jasper auf einen Betonsockel.

8. Ersetze die Wörter aus der Geschichte durch folgende Ausdrücke.

  flüchten – unmittelbar – versäumen – ankommen – eilen –
  sich sputen – beben – verwundert – vermuten – bestaunen

  a) erreichen _____   f) zittern _____

  b) beeilen _____   g) vergessen _____

  c) annehmen _____   h) bewundern _____

  d) hasten _____   i) direkt _____

  e) fliehen _____   j) erstaunt _____

9. Wie beurteilst du Jaspers Verhalten? Begründe deine Entscheidung.

  ① Jasper hat sich ungeschickt angestellt, weil …
  ② Es war richtig, wie Jasper sich verhalten hat, denn …

„Kommst du jetzt mit oder nicht, Manni?"

„Du nervst, Jasper! Ich will mir doch nur das Schulhofmodell ansehen."

„Wann checkst du's endlich? Zum tausendsten Mal: Aus der Skaterbahn wird sowieso nichts!"

„Sei doch nicht so'n Pessimist, Jasper!", wirft Leon ein.

Manni und Leon stehen, wie jeden Tag nach dem Unterricht, vor der Vitrine in der Pausenhalle und vertiefen sich in das Entwurfsmodell der Schulhofgestaltung.

Die Schulkonferenz hat beschlossen, den trostlosen Schulhof umzugestalten. Es sollen Büsche angepflanzt und Tischtennisplatten aufgestellt werden. Die größte Attraktion aber, eine Bahn für Skateboarder, kann der Förderverein nicht allein bezahlen. Die muss auch von der Stadt finanziert werden.

Jasper hatte zu Hause davon erzählt. Onkel Bernd, der zum Mittagessen eingeladen war, hatte gemeint, das könnten sie getrost vergessen. Die Stadt müsse sparen, deswegen würde eine solche Ausgabe bestimmt nicht genehmigt. Doch Manni und Leon hören nicht auf, von der Skaterbahn zu schwärmen.

„Was nützt euch 'ne Skaterbahn, die nie gebaut wird?", fragt Jasper.

„Und ob sie gebaut wird!" Manni hält Jasper die Hand hin. „Wetten?"

„Okay, ich wette dagegen!" Jasper schlägt in Mannis Hand ein, „worum soll's gehen?"

„Wie wär's mit deiner Ein-Cent-Münze aus Portugal?", schlägt Manni vor.

Jasper zögert. Manni und er sammeln Euro-Münzen aus ganz Europa. Die Ein-Cent-Münze aus Portugal ist eine Rarität. Jasper hat sie vor etwa einem halben Jahr vom Bäcker bekommen, als er Brötchen holen sollte. Seitdem hängt Manni ständig beim Bäcker rum, schaut den Leuten auf die Finger, wenn sie ihr Wechselgeld einstreichen und nervt alle mit seiner Suche nach portugiesischen Münzen; bislang allerdings ohne Erfolg.

„Na, ist dir die Wette jetzt doch zu riskant?", fragt Manni.

„Quatsch! Aber was setzt du denn ein?"

„Wenn ich verliere, darfst du dir irgendeine Münze aus meiner Sammlung aussuchen."

Jasper ist einverstanden.

*****

Beim Mittagessen erzählt Jasper, welche Wette er abgeschlossen hat.

„Du wirst wohl gewinnen", meint Papa, „aber ich frage mich, ob das letztendlich wirklich ein Gewinn ist. Schließlich bekommt ihr dann keine Skaterbahn."

„Frau Kriegel hat gesagt, dass es heute in der Schulausschuss-Sitzung entschieden wird", sagt Jule.

„Dann muss aber immer noch der Finanzausschuss zustimmen", erklärt Papa. „Aber ich drücke euch die Daumen."

„Können wir nicht bei der Ausschuss-Sitzung zuhören?", fragt Jasper.

„Ich glaube nicht, dass sie euch dort reinlassen", meint Mama, „außerdem finden solche Sitzungen oft abends statt."

„Im Übrigen könnt ihr alles auch morgen in der Zeitung genau lesen", fügt Papa hinzu.

Am nächsten Morgen steht Mama mit ihrer Jacke in der Tür.

„Ich muss jetzt los! Macht euch ja pünktlich auf den Weg!"

„Klar doch!", antwortet Jasper leicht genervt. Sie müssen heute erst zur zweiten Stunde in die Schule und haben noch Zeit. Plötzlich fällt ihm etwas ein. „Ach, sag mal, Mama, steht eigentlich was über unsere Skaterbahn in der Zeitung?"

„Ich hatte noch keine Zeit, die Zeitung zu lesen. Seht selber nach!"

Die Kinder stürzen sich auf die Zeitung. Jule erwischt sie zuerst und schnappt sich den vorderen Teil. Jasper gibt sie die inneren Seiten.

Eine geraume Zeit ist es still; beide sind in ihre Lektüre vertieft.

Plötzlich ruft Jasper: „Das darf doch wohl nicht wahr sein!"

„Oh nein!" In ängstlicher Erwartung schaut Jule ihren Bruder an.

„Borussia Dortmund will den Trainer entlassen."

„Sag mal, spinnst du?" Jule knallt ihre Zeitung auf den Tisch. „Du hast doch jetzt keine Zeit, den Sportteil zu lesen!"

„Ja, schon gut. Reg dich ab!" Jasper blättert

F. Zeitz: Leseförderung mit Erzähltexten aus dem Schüleralltag
© Persen Verlag

weiter. ‚Kultur aus aller Welt' steht dort als Überschrift.

Die werden kaum über unsere Schulausschuss-Sitzung berichten, denkt Jasper und guckt sich die nächste Seite an: ‚Kultur in der Region'.

Gehören Schulhofgestaltungen zur Kultur? Jasper überfliegt die Seite. Nichts dergleichen.

Nächste Seite: Anzeigen! Enttäuscht legt Jasper die Zeitung weg und sieht Jule erwartungsvoll an.

Jule hat mühsam jeden Artikel auf der ersten Seite angelesen und muss schließlich feststellen, dass das Skaterbahn-Problem ihrer Schule nicht auf der ersten Seite zu finden ist. Auch auf den nächsten Seiten findet sie nur Politik und Wirtschaftsnachrichten. Sie greift zu einem weiteren Blatt.

„Ich glaube, ich hab's! Hier steht ‚Lokales'."

„Das ist bestimmt Werbung für Kneipen", meint Jasper und grinst.

„Quatsch, lokal heißt, dass es was mit unserem Ort zu tun hat."

„Mann, Jule, das sollte 'n Joke sein!" Jasper reißt seiner Schwester das Zeitungsblatt aus der Hand.

„Na, wer sagt's denn? Was haben wir denn hier?" Mit lässiger Geste zeigt Jasper auf eine Überschrift.

Schulausschuss genehmigt Bahn für Skateboarder

Hastig überfliegen die Kinder den Artikel.

„Das wird die anderen umhauen!", ruft Jule. „Wetten, dass keiner von denen heute morgen schon die Zeitung gelesen hat!"

„Sicher ist aber noch nichts", wendet Jasper ein. „Papa hat doch gesagt, dass der Finanzausschuss erst noch zustimmen muss."

„Na, wenn schon!" Jule macht eine wegwerfende Handbewegung. „Der Finanzausschuss kann jetzt auch nicht mehr nein sagen."

Plötzlich wandelt sich Jaspers strahlendes Gesicht in einen gequälten Ausdruck. „So ein Mist! Jetzt hab' ich meine kostbare portugiesische Ein-Cent-Münze verloren!", jammert er.

„Eine Skaterbahn ist doch wohl wichtiger als deine bescheuerte Münze!" Jule hat für Jaspers Gejammer kein Verständnis.

„Sie ist höchstens ein kleiner Trost!", behauptet Jasper. „Aber jetzt möchte ich endlich frühstücken, sonst breche ich auf dem Weg zur Schule noch zusammen."

Schule!

Erschrocken starren beide auf die Uhr. Die zweite Stunde hat längst angefangen.

„Vergiss das Frühstück! Los, ab!" Jule greift ihre Schultasche und spurtet los. Jasper bleibt nichts anderes übrig, als auch loszurennen.

Eigentlich hätten wir jetzt ruhig auch noch den Rest der Stunde schwänzen können, denkt er. Ärger kriegen wir doch so oder so.

„Los, rück die Ein-Cent-Münze raus!"

Manni und Jasper haben ihre beiden Sammelalben für Euro-Münzen vor sich auf den Tisch gelegt.

Schweren Herzens übergibt Jasper seinem Freund die Kostbarkeit.

Aber immerhin scheint es mit der ersehnten Skaterbahn zu klappen, tröstet er sich. Und das Donnerwetter wegen ihres Zuspätkommens war auch gemäßigt ausgefallen, als Frau Kriegel hörte, dass sie nur wegen des Zeitungsartikels nicht auf die Uhr geguckt hatten.

Freudestrahlend schaut Manni auf die Münze und drückt sie in die vorgesehene Vertiefung in seinem Album.

„Das ist die einzige Münze, die ich aus Portugal hab'. Aber Holland und Österreich habe ich schon vollständig."

„Ich auch", sagt Jasper, „und bei Frankreich und Italien fehlen mir nur noch die Zwei-Cent-Stücke. Nur von Slowenien, Malta und Zypern hab' ich noch gar nichts."

Es wird wohl noch einige Zeit dauern, bis sie alle vollzählig haben.

„Sieht ja schon ganz schön aus!" Onkel Bernd ist unbemerkt ins Zimmer getreten und schaut den beiden über die Schulter.

In bester Laune berichtet Manni, wie er Jaspers portugiesische Münze gewonnen hat.

„Und das hab' ich alles nur dir zu verdanken!", grunzt Jasper vorwurfsvoll in Onkel Bernds Richtung. „Ich hab' doch nur gegen die Skaterbahn gewettet, weil du gesagt hast, das würde die Stadt niemals genehmigen."

„Na, da hab' ich wohl was gutzumachen." Ein Grinsen breitet sich auf Onkel Bernds Lippen aus. „Ein Glück, dass ich dieses Jahr in Portugal Urlaub mache."

Wie viel Geld steckt für jeden Staat mit Euro-Währung in dem Album?

Was hälst du von Wetten?

Wenn du nichts gegen Wetten hast – was muss man beim Einsatz beachten?

F. Zeitz: Leseförderung mit Erzähltexten aus dem Schüleralltag
© Persen Verlag

Beantworte die Fragen mit dem Stiftzeichen in deinem Heft.
Wenn du bei den Aufgaben unsicher bist, überfliege den Text noch einmal.
Bevor du mit den Aufgaben beginnst, unterstreiche im Text die Schlüsselwörter.

1. Fragen zum Text.

 a) Was sehen sich Manni und Leon jeden Tag an?
 b) Was soll auf dem Schulhof gebaut werden?
 c) Welches Gremium genehmigt die Schulhofgestaltung?
 d) Was hat Jasper bei der Wette an Manni verloren?
 e) Wo verbringt Onkel Bernd seinen Urlaub?

2. Was erfährt man in der Einleitung?

In der Einleitung erhält man Informationen über …

① den Wunsch der Schüler für die Schulhofgestaltung.
② die Euro-Länder.
③ die Probleme, die eine Verwirklichung des Wunsches infrage stellen.
④ die handelnden Personen.
⑤ die Wette.
⑥ die Zeitungsnotiz.
⑦ die Schulausschuss-Sitzung.

3. Nummeriere die Zeilen in der richtigen Reihenfolge. 1–12

	Jasper glaubt nicht daran, dass eine Skaterbahn gebaut wird.
	Zu Hause erzählt Jasper, welche Wette er abgeschlossen hat.
	Onkel Bernd tröstet Jasper und verspricht, ihm Münzen aus Portugal mitzubringen.
	Die Schulkonferenz hat eine Umgestaltung des Schulhofs beschlossen.
	Manni wettet, dass die Bahn trotzdem gebaut wird.
	Am nächsten Tag durchsuchen Jasper und Jule die Zeitung.
	Schweren Herzens gibt Jasper seinem Freund Manni die Münze aus Portugal.
	Manni und Leon vertiefen sich jeden Tag in den Anblick des Schulhofmodells.
	Sein Vater meint, dass er die Wette wohl gewinnen würde.
	Sie finden eine Notiz, die besagt, dass die Skaterbahn genehmigt wurde.
	Sein Onkel hat erklärt, dass die Stadt für so etwas kein Geld hätte.
	Jasper wettet dagegen und setzt seine Ein-Cent-Münze aus Portugal.

4. Schreibe die passenden Nummern vor die Begriffe. ① – ④

 ① Laufwagen ② flaches Brett ohne Rollen ③ Rollschuh mit schmalen Rollen ④ Brett auf 4 Rollen

 ◯ Skateboard ◯ Inliner ◯ Gokart ◯ Surfbrett

F. Zeitz: Leseförderung mit Erzähltexten aus dem Schüleralltag
© Persen Verlag

5. Wähle für Einleitung, Hauptteil und Schluss jeweils eine passende Überschrift aus.

Begründe deine Entscheidung mündlich.
Denk daran, dass eine Überschrift nicht zu viel verraten darf.

a) Die Entscheidung ist gefallen

b) Ein Wunschtraum

c) Schulausschuss entscheidet positiv

d) Die Wette

e) Eine Zeitungsmeldung

f) Verlust einer Münze

g) Die verlorene Wette

h) Freude über einen Zeitungsartikel

i) Hoffnung auf eine Skaterbahn

j) Mannis Gewinn

k) Das Schulhofmodell

l) Jasper hat verloren

m) Zu spät gekommen

n) Ohne Frühstück

Einleitung: …
Hauptteil: …
Schluss: …

6. Drücke den Inhalt der Textzeilen mit deinen eigenen Worten aus.

a) Das könnt ihr getrost vergessen.

b) Die Maßnahme wird bestimmt nicht genehmigt.

c) Ist dir die Wette zu riskant?

d) Macht euch pünktlich auf den Weg!

e) Beide sind in ihre Lektüre vertieft.

f) Hastig überfliegen die Kinder den Artikel.

g) Erschrocken starren beide auf die Uhr.

h) Schweren Herzens übergibt Jasper seinem Freund die Kostbarkeit.

7. Verbinde die Synonyme (Begriffe mit gleicher oder ähnlicher Bedeutung) miteinander.

> **TIPP!** Verwende ein Synonymwörterbuch.

Pessimist	Kostbarkeit	trostlos	beschwerlich
Vitrine	Schwarzseher	mühsam	maßvoll
Rarität	Schaukasten	gemäßigt	öde

8. Recherchiere im Internet, welche EU-Staaten die Euro-Währung haben.
(recherchieren = nachforschen)

Belgien, Deutschland, …

„Der arme Till ist immer noch krank und wird wohl noch eine Weile zu Hause bleiben müssen", berichtet Frau Kriegel und verteilt linierte Blätter an die Schüler. „Ich schlage vor, dass ihr ihm einen Brief schreibt, damit er sich nicht so einsam fühlt."

„Einen Brief?" Leon verdreht die Augen. „Kann ich ihn nicht lieber anrufen?"

„Ich schick ihm 'ne SMS, dann hat sich der Fall", murmelt Manni.

„Nun, wenn ihr keinen Brief schreiben wollt, dann können wir natürlich auch für das Diktat morgen üben", schlägt Frau Kriegel lächelnd vor.

„Nein, ein Brief ist schon okay!", beeilt sich Jule einzuwerfen.

Die anderen Schüler nicken eifrig.

„Na gut", sagt Frau Kriegel, „aber bedauert Till nicht nur, sondern schreibt ihm auch etwas, was ihn aufmuntert."

„Bedauern?" Manni schüttelt fassungslos den Kopf. „Der Glückliche muss morgen das Diktat nicht mitschreiben! Darüber schon mal nachgedacht?"

„Kann ich ihm auch einen Witz schreiben?", fragt Saskia.

„Wenn du meinst, dass ihm das gefällt, meinetwegen", sagt Frau Kriegel. „Jetzt aber los. Ihr wisst hoffentlich alle noch, wie man einen Briefbogen aufteilt."

Als Frau Kriegel nach einiger Zeit auf Leons Blatt schaut, ruft sie entsetzt: „Aber Leon, du kannst doch nicht unmittelbar am Rand anfangen! Wie willst du denn später mal zurechtkommen, wenn du nicht mal weißt, wie ein Brief aussehen muss?"

„Ich spiele ernsthaft mit dem Gedanken, Bundeskanzler zu werden", sagt Leon, „dann hab ich 'ne Sekretärin, die so 'n Zeugs für mich erledigt."

Genervtes Aufstöhnen in den Reihen der Mädchen und grinsende Jungs sind die Reaktionen.

„Niemand wird Bundeskanzler, der nicht gelernt hat, einen Brief zu schreiben!", erklärt ihre Lehrerin energisch.

Am Ende der Stunde sammelt Frau Kriegel die fertigen Briefe ein, steckt die Blätter in einen großen braunen Umschlag und sagt zu Jasper und Jule: „Ihr wohnt doch ganz in Tills Nähe. Könntet ihr den Umschlag nicht bei ihm abgeben?"

„Okay"

Frau Kriegel drückt Jule den Umschlag in die Hand.

*****

Als die beiden auf dem Heimweg an der Bushaltestelle vorbeigehen, treffen sie ihren Nachbarn, Herrn Rautenbach, der einen winzig kleinen Hund auf dem Arm trägt.

„Wie süüüß!", seufzt Jule. „Darf ich ihn mal hochheben?"

Sie drückt Jasper den braunen Umschlag in die Hand und lässt sich das Hündchen behutsam auf den Arm geben. Begeistert leckt der kleine Dackelwelpe über Jules Gesicht. Aber Jule stört das nicht, sie ist einfach hingerissen von dem niedlichen Tier.

Gerade, als die beiden Geschwister weitergehen wollen, holt Leon sie ein.

„Hey, Bundeskanzler!", sagt Jasper und macht einen lässigen Gruß mit der Hand.

Leon verzieht seinen Mund: „Warum habt ihr nicht gewartet? Ich dachte, ihr wolltet euch meinen Computer ansehen."

Seit letzter Woche hat Leon einen neuen Rechner mit viel mehr Speicherplatz für Spiele.

„Wir müssen uns aber beeilen", sagt Leon. „Ich esse nämlich mittwochs immer bei meiner Oma."

Die Freunde laufen bis zu Leons Haus und stürmen in die Wohnung. Im Flur begrüßen sie kurz Leons Mutter und eilen dann weiter zu Leons Zimmer.

Da steht das Prachtstück. Als Leon den beiden gerade ein Computerspiel vorführen will, taucht seine Mutter in der Zimmertür auf: „Jetzt musst du aber wirklich los, Leon, sonst wird Oma noch ärgerlich."

Leon verdreht die Augen. „War ja klar!"

Also wieder nach draußen. Leon schwingt sich auf sein Fahrrad und radelt Richtung Oma los. Jasper und Jule machen sich wieder auf den Weg zu Till.

Kurz bevor sie Tills Haus erreicht haben, sagt Jasper zu Jule: „Gib mal schnell den Umschlag."

„Den Umschlag?" Jule reißt die Augen auf. „Ich dachte, du hättest ihn!"

Aufgeregt laufen die beiden zurück zu Leons Wohnung.

„Nanu?", sagt Leons Mutter. „Leon ist nicht mehr hier!"

„Kann es sein, dass wir einen großen braunen Umschlag in Leons Zimmer liegen gelassen haben?"

„Keine Ahnung. Schaut einfach mal nach."

Jasper und Jule durchsuchen das Zimmer, ohne den Umschlag finden zu können.

Was nun?

Plötzlich schlägt sich Jasper vor den Kopf: „An der Bushaltestelle! Ich glaube, dort habe ich ihn

F. Zeitz: Leseförderung mit Erzähltexten aus dem Schüleralltag
© Persen Verlag

auf die Bank gelegt."

Inzwischen haben beide gewaltiges Herzklopfen, während sie nervös zur Bushaltestelle eilen. Wenn der Umschlag weg wäre! Eine Katastrophe!!!

Verzweifelt suchen sie an der Bushaltestelle alles ab, fragen sogar die Leute, die dort stehen, suchen im Papierkorb. Nichts.

„Wir müssen jetzt erst mal nach Hause", sagt Jule, „sonst bekommen wir auch noch mit Mama Ärger. Nach dem Mittagessen suchen wir weiter." Schweigsam und appetitlos sitzen die Kinder am Mittagstisch.

Mama wundert sich: „Ist irgendwas passiert?", fragt sie.

„Nein, nichts! Till ist immer noch krank. Wir wollen ihn nach dem Essen besuchen."

Mama ist ganz gerührt, dass den Kindern die Krankheit ihres Mitschülers so nahe geht.

*****

Nach dem Mittagessen machen sich Jasper und Jule nochmals auf die Suche. Doch vergebens. So kommt es, dass die beiden etliche Zeit später auf der kleinen Mauer vor Tills Haus sitzen und unglücklich vor sich hin starren.

Sie sind noch einmal zur Bushaltestelle gegangen und haben dort alles abgesucht. Nirgends ein brauner Umschlag.

„Stell dir nur mal vor, was die anderen mit uns machen, wenn sie erfahren, dass wir ihre mühsam geschriebenen Briefe verloren haben", jammert Jasper.

„Ich sag's dir, wir sind erledigt", stimmt Jule in das Klagelied ein.

Plötzlich hören sie jemanden rufen. Tills Mutter schaut aus dem Fenster und winkt.

Oh je, jetzt ist es so weit! Langsam wie Schlafwandler stehen Jasper und Jule auf und gehen auf das Haus zu.

„Warum kommt ihr denn nicht rein?", fragt Tills Mutter. „Till freut sich doch so über Besuch. Leon ist auch schon da."

Aus Tills Zimmer schallt lautes Gelächter. Als die Kinder die Tür öffnen, bleiben sie wie angewurzelt stehen. Auf Tills Bettdecke liegt der braune Umschlag und um ihn herum verteilt die Briefe der Klassenkameraden.

„Was steht ihr da in der Tür rum wie die Gartenzwerge?", ruft Till vergnügt. „Lies noch mal den Witz von Saskia, Leon!"

Fassungslos starrt Jasper Leon an: „Woher hast du den Umschlag?"

„Den hattet ihr bei mir liegen gelassen. Ich musste noch mal umkehren, weil ich das Foto vergessen hatte, das ich meiner Oma mitbringen sollte. Da hab' ich den Umschlag in meinem Zimmer gefunden."

„Und da kommst du Knalltüte nicht mal auf die Idee, uns anzurufen, damit wir Bescheid wissen?"

„Nö! Ich meine, ist doch wohl egal, wer Till die Briefe bringt, oder?"

Wütend tritt Jasper einen Schritt auf Leon zu: „Spinnst du? Was glaubst du, wo wir überall gesucht haben!"

Leon stöhnt auf: „Na und? Bin ich euer Kindermädchen oder was? Ist doch nicht meine Schuld, dass ihr nicht richtig auf die Briefe aufgepasst habt. War schließlich eure Verantwortung."

„Wollen wir nicht lieber weiterlesen, Leute?", fragt Till vom Bett aus. „Hier hört mal. Der ist cool ..."

Etwas verdrossen hören Jasper und Jule zu, wie Till aus den Briefen vorliest. Aber nach einiger Zeit müssen sie auch schmunzeln. Teils über die Witze, doch mehr noch über die blöden Sprüche, die manche aus der Klasse fabriziert haben.

Auf dem Heimweg sagt Jasper zu Jule: „Ein Gutes hat die Sache ja gehabt. Wir sind heute bestimmt einen halben Zehntausendmeterlauf gerannt, wetten? Könnte man mal bei der Beckstein erwähnen. Mit solchen Infos komme ich in Sport bestimmt noch auf 'ne Eins."

Jule stöhnt auf. „Alter Angeber! Außerdem waren das nie im Leben fünf Kilometer. Höchstens drei – wenn überhaupt."

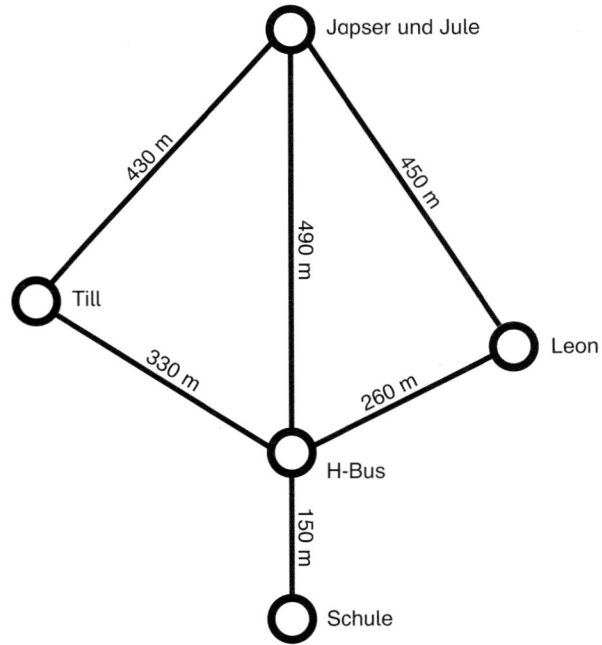

Wer hat besser geschätzt, Jasper oder Jule?

Findest du, dass Leon sich richtig verhalten hat?

Beantworte die Fragen mit dem Stiftzeichen in deinem Heft.
Wenn du bei den Aufgaben unsicher bist, überfliege den Text noch einmal.
Bevor du mit den Aufgaben beginnst, unterstreiche im Text die Schlüsselwörter.

1. Welche Aussage ist richtig? Kreuze an.

① Die Schüler sollen Till einen Brief schreiben.
② Manni möchte ihn lieber anrufen.
③ Leon möchte später einmal Bundespräsident werden.
④ Frau Kriegel bittet Jasper und Jule, den Umschlag mit den Briefen bei Till abzugeben.
⑤ An der Bushaltestelle treffen die beiden auf ihren Nachbarn, der einen Hund auf dem Arm hat.
⑥ Jule ist ganz begeistert von dem niedlichen kleinen Pudelwelpen.
⑦ Die Geschwister sehen sich auch noch Leons neuen Computer an.
⑧ Als sie schließlich vor Tills Haus stehen, bemerken sie, dass keiner von beiden den Umschlag hat.
⑨ Sie hatten den Umschlag an der Bushaltestelle liegen gelassen.

2. In jedem Satz ist ein Wort falsch. Streiche es durch und schreibe einen
passenden Begriff darüber.

a) Am Ende der Stunde schließt Frau Kriegel die Briefe ein.
b) Leon will den Geschwistern noch seinen neuen MP3-Player zeigen.
c) Sie können nicht lange bleiben, weil Leon noch zu seiner Tante fahren muss.
d) Nach dem Mittagessen radeln Jasper und Jule noch einmal zur Bushaltestelle.
e) Auf Tills Sofa liegt der braune Umschlag mit den Briefen.

3. Verbinde die zusammengehörenden Satzteile durch Linien.

Ihr wisst hoffentlich alle noch,	wie Till aus den Briefen vorliest.
Als die beiden an der Haltestelle vorbeigehen,	bleiben sie wie angewurzelt stehen.
„Hey Bundeskanzler!", sagt Jasper	und lässt sich das Hündchen auf den Arm geben.
Jule drückt Jasper den Umschlag in die Hand	und macht einen lässigen Gruß mit der Hand.
Als die Kinder die Tür öffnen,	treffen sie ihren Nachbarn.
Etwas verdrossen hören Jasper und Jule zu,	wie man einen Briefbogen aufteilt.

F. Zeitz: Leseförderung mit Erzähltexten aus dem Schüleralltag
© Persen Verlag

4. Schreibe passende Überschriften für die Textabschnitte.

Einleitung: …
Hauptteil: …
Schluss: …

5. In der Geschichte kommen auch „Sprachbilder" vor.
Suche die entsprechenden Stellen im Text und schreibe sie auf.

a) sich plötzlich erinnern
b) vor Überraschung abrupt stehen bleiben
c) eine Aufsichtsperson spielen

6. Wie beurteilst du Leons Verhalten?

① Leon hat sich richtig verhalten, denn es ist wirklich egal, wer Till die Briefe bringt.
② Leon hätte sich gar nicht um den Umschlag kümmern sollen.
③ Weil Leon sich denken konnte, dass die beiden noch mal zurückkommen würden, hätte er den Umschlag seiner Mutter geben sollen.
④ Leon hat richtig gehandelt, denn er konnte Jasper und Jule telefonisch ja nicht erreichen.

7. Was erfährst du im ersten Teil der Geschichte?

① Man erfährt den Grund für die Handlung der Geschichte.
② Die handelnden Personen werden vorgestellt.
③ Man lernt alle Orte des Geschehens kennen.
④ Die Problematik der Geschichte wird schon deutlich erkennbar.

8. Erkläre mit eigenen Worten, was die folgenden Begriffe bedeuten.

a) Prachtstück
b) Katastrophe
c) Schlafwandler

9. Fasse den Schluss der Geschichte mit deinen Worten zusammen.

„Das Diktat ist gut ausgefallen!"
Frau Kriegel blickt ihre Klasse erfreut an. Dann wendet sie sich an Jasper: „Du hast dich ja mächtig angestrengt, Jasper. Nur ein Fehler!"
„Yeah!", jubelt Jasper. „Damit dürfte jetzt wohl 'ne Kinokarte fällig sein. Haben meine Eltern mir versprochen, wenn ich weniger als fünf Fehler habe."
„Na, dann viel Vergnügen! Die Belohnung hast du dir verdient." Frau Kriegel nimmt den Stapel Hefte und beginnt, die Diktate zu verteilen.

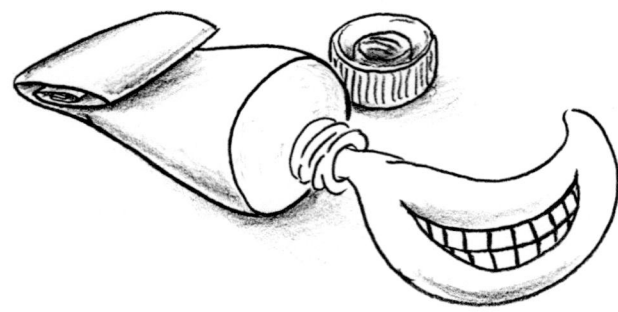

Auf dem Heimweg grinst Jasper selbstgefällig vor sich hin. Zu Hause angekommen, drückt er seinen Finger lange auf die Klingel; dann noch mal anhaltend.
Aus dem Innern der Wohnung sind hastige Schritte zu hören. Die Tür wird aufgerissen und zum Vorschein kommt Mamas erschrockenes Gesicht. „Ist ... ist was passiert?", fragt sie atemlos.
„Nur ein Fehler!", schreit Jasper durchs ganze Haus. „Zwei weniger als Jule!"
„Das ist ja wunderbar. Herzlichen Glückwunsch!" Mama nimmt Jasper in den Arm.
„Weil ich nicht nur weniger als fünf, sondern sogar nur einen Fehler gemacht hab', könntet ihr auf die Belohnung noch 'ne Tüte Popcorn drauflegen. Was meinst du?" Jasper schaut seine Mutter mit treuherzigem Blick an.
Mama lacht. „Na, meinetwegen!"
Jasper wendet sich an Jule: „Hey, ich hör' ja gar nichts!"
„Was?" Jule schaut ihren Bruder verständnislos an.
„Vielleicht bedankst du dich mal, dass ich mit meiner guten Note nicht nur den Kinobesuch, sondern auch noch 'ne Tüte Popcorn rausgeschlagen hab'."
„Gib nicht so an! Ich hatte schon öfter mal nur einen Fehler im Diktat."
„Aber du warst nicht clever genug, damit was Gescheites anzufangen!"
Kopfschüttelnd stemmt Mama beide Arme in die Hüften. „Fangt bloß nicht noch an zu streiten!", sagt sie. „Sucht euch lieber einen Film aus. Ich

habe das Kinoprogramm gestern extra ausgeschnitten." Mit diesen Worten drückt sie den beiden eine Zeitungsseite in die Hand.
Die Geschwister vertiefen sich in das Programm. Es gibt etliche Filme, die sie gerne sehen würden.
Schließlich einigen sie sich auf die Komödie „Jimmy und der Boss', in welcher der vierzehnjährige Jimmy von seinem Hund, dem Boss, auf Trab gehalten wird.

*****

Als die Familie am Samstagnachmittag aus dem Bus steigt, schaut Papa auf die Uhr und stellt fest: „Wir sind viel zu früh!"
„Trifft sich gut", sagt Mama, „mir ist nämlich gerade eingefallen, dass wir unbedingt Zahnpasta brauchen. Da vorn ist Kaufhaus STEINBACH. Jasper, spring mal eben rein und hol zwei Tuben Zahnpasta."
„Voll unfair!", mault Jasper. „Warum immer ich?"
Mama runzelt die Stirn. „Jule hat doch heute morgen schon Brötchen geholt."
„War ja klar!" Seufzend nimmt Jasper den Geldschein und macht sich auf den Weg.
Der Eingang des Kaufhauses ist mit bunten Luftballons geschmückt. Was soll das denn?
Im Kaufhaus will Jasper schnell zwei Tuben Zahnpasta aus dem Regal ziehen, als hinter ihm Jules Stimme ertönt: „Hab' ich mir's doch gedacht! Nicht mal das kriegst du auf die Reihe! Zahnpasta mit Erdbeergeschmack! Geht's noch babymäßiger?"
„Wieso? Ist doch völlig egal, wonach die Zahnpasta schmeckt."
„Spinnst du? Wie steh' ich denn da, wenn Rike bei mir übernachtet und mich mit so 'ner peinlichen Zahnpasta sieht. Wir kaufen was Cooleres!"
Jasper verdreht die Augen: „Coole Zahnpasta? Alles klar!"
Umständlich sucht Jule das ganze Regal ab. Schließlich kommt sie mit zwei Zahnpastatuben zurück, nimmt Jasper den Geldschein aus der Hand und steuert auf die Kasse zu.
Im Vorbeigehen fällt Jaspers Blick auf einen Ständer voller Hörbücher.
„Hey Jule, guck mal! Hörbücher im Sonderangebot. Nur 5,85 Euro das Stück."
„Die können wir uns sowieso nicht leisten", stellt Jule trocken fest. „Jetzt komm endlich! Na toll ...! Gerade ist wieder einer vor uns an die Kasse gegangen."
Mit einem Seufzer stellt Jasper sich hinter Jule an der Kasse an. Als sie an der Reihe sind, gibt

F. Zeitz: Leseförderung mit Erzähltexten aus dem Schüleralltag
© Persen Verlag

Jule der Kassiererin den Geldschein und starrt gedankenverloren auf die Registrierkasse. Plötzlich stutzt sie. Mit dem Ellenbogen stößt sie Jasper an.

„Was steht da?"

Jasper beugt sich nach vorne und liest vor: „Die Kundin/der Kunde hat gewonnen! – Hä?"

„Herzlichen Glückwunsch!", sagt die Kassiererin. „Ihr habt 25 Euro gewonnen!"

Verblüfft schaut Jasper erst die Kassiererin, dann Jule, dann wieder die Kassiererin an.

„Das Kaufhaus STEINBACH feiert heute sein 25-jähriges Bestehen", erklärt die Kassiererin. „Darum werden hundert Mal 25 Euro verlost. Ihr gehört zu den glücklichen Gewinnern. Den Gutschein könnt ihr euch oben am Infostand abholen."

Hocherfreut eilen die Geschwister hastig zur Rolltreppe. Am Informationsstand werden sie schon erwartet. Ein wichtig aussehender Herr schüttelt ihnen die Hand und überreicht ihnen feierlich eine Gutscheinkarte.

Sie bedanken sich bei dem Herrn und eilen nach draußen. Jasper fühlt sich, als schwebe er auf einer Wolke.

„Wo bleibt ihr denn? Ihr solltet nicht das Kaufhaus besichtigen, sondern nur Zahnpasta kaufen!", beschwert sich Papa.

Jasper macht eine wegwerfende Geste mit der Hand. „Nur mal schnell den Hauptpreis abgegriffen. Das ist alles."

„Hauptpreis?"

In bester Laune berichten die Kinder, was geschehen ist.

„Na, so was!" Papa haut ihnen liebevoll auf die Schulter. „Ihr beiden Glückspilze."

„Für das Geld dürft ihr euch natürlich was Schönes kaufen, schließlich seid ihr die Gewinner", sagt Mama.

„Eigentlich steht mir das Geld alleine zu!", erklärt Jasper grinsend. „Wenn ich nicht so lange bei den Hörbüchern stehen geblieben wäre, wären wir zur falschen Zeit an der Kasse gewesen."

„Schwachsinn!", protestiert Jule. „Nur weil ich so lange nach der Zahnpasta gesucht habe, waren wir zur richtigen Zeit an der Kasse!"

„Überlegt euch lieber, was ihr für 25 Euro kaufen wollt", unterbricht Papa.

„Ich denke, das steht schon fest", verkündet Jasper. Jule wirft ihm einen fragenden Blick zu.

Jasper verdreht die Augen. „Sonderangebot! Hörbücher! Schon vergessen? Du musst nur noch schnell ausrechnen, wie viele Hörbücher wir für 25 Euro kriegen."

„Warum Jule? Wie wär's, wenn du zur Abwechslung mal selber rechnest?", fragt Papa.

„Selber rechnen? Hallo! Wofür hat man denn 'ne Schwester, die dauernd Einsen in Mathe bekommt."

„Los komm! Lass uns schnell die Hörbücher holen. Ich rechne unterwegs." Jule rennt schon los.

„Für den Rest kaufen wir uns Süßigkeiten!", ruft Jasper den Eltern noch zu und rennt hinter Jule her.

Mit Hörbüchern und Süßigkeiten bepackt tauchen die Zwillinge nach einiger Zeit wieder auf.

„So was möchte ich noch mal erleben", meint Jule versonnen.

„Ist doch ganz easy!", bemerkt Jasper mit einer lässigen Handbewegung. „Wir müssen einfach nur aufpassen, dass wir in 25 Jahren das fünfzigste Kaufhaus-Jubiläum nicht versäumen. Dann kaufen wir so lange Kaugummis, bis wir gewonnen haben und die Kohle abgreifen."

Jule lacht. „Könnte sich lohnen, denn dann gibt es ja 50 Euro."

„Und was lernen wir daraus?", fragt Papa und gibt gleich selbst die Antwort: „Dass es sich auszahlt, wenn man sich immer gut die Zähne putzt!"

Wie viele Hörbücher können die Zwillinge kaufen?
Wie viel Geld bleibt für Süßigkeiten übrig?

Ist es richtig, für gute Noten Belohnungen zu bekommen?

Was ist mit den Schülern, die sich riesig anstrengen und trotzdem keine guten Zensuren erhalten?

Wie ist das bei dir zu Hause?

Beantworte die Fragen mit dem Stiftzeichen in deinem Heft.
Wenn du bei den Aufgaben unsicher bist, überfliege den Text noch einmal.
Bevor du mit den Aufgaben beginnst, unterstreiche im Text die Schlüsselwörter.

1. Welche Personen kommen in der Geschichte vor? Kreuze an.

① Jasper ② Manni ③ Jule ④ Frau Kriegel ⑤ Rike ⑥ die Eltern ⑦ Beppo

2. Erkläre, was ein Hörbuch ist.

3. Beende die Sätze mit deinen Worten.

a) Jasper bekommt als Belohnung einen Kinobesuch, weil er …
b) Es gelingt ihm, seine Mutter zu überreden, auch noch …
c) Als die Familie aus dem Bus steigt, fällt der Mutter ein, dass …
d) Im Kaufhaus will Jasper schnell zwei Tuben Zahnpasta nehmen, doch Jule …
e) Auf dem Weg zur Kasse bleibt Jasper stehen, weil …
f) An der Kasse erfahren die beiden, dass sie 25 Euro gewonnen haben, weil …
g) Von dem gewonnenen Geld kaufen sie sich …

4. Ordne die Zahlen den sinnverwandten Aussagen zu. 1–8

1.	sich mächtig anstrengen		mit arglosem Gesichtsausdruck
2.	verdiente Belohnung		nachdenklich schauen
3.	selbstgefällig grinsen		sich nicht ablenken lassen
4.	mit treuherzigem Blick		sich enorm ins Zeug legen
5.	sich nicht beirren lassen		aufgekratzt mitteilen
6.	gedankenverloren starren		zu Recht erhaltene Anerkennung
7.	feierlich überreichen		eingebildet schmunzeln
8.	aufgeregt berichten		würdevoll übergeben

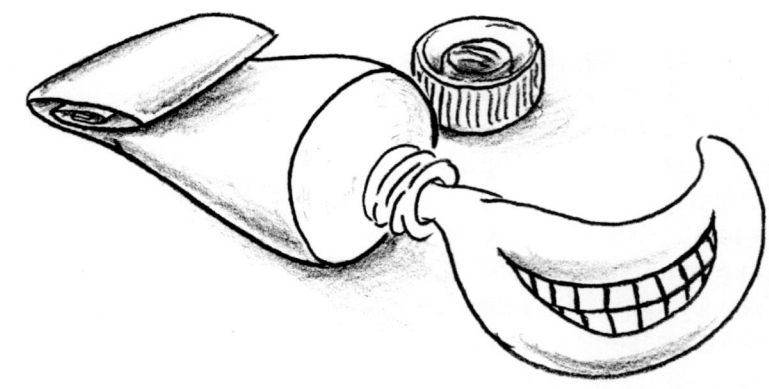

F. Zeitz: Leseförderung mit Erzähltexten aus dem Schüleralltag
© Persen Verlag

5. Am nächsten Tag schildert Jasper seinem Freund Manni, was geschehen ist.
Schreibe als Ich-Erzähler.

6. Schreibe die passenden Verben neben die Textausschnitte.

a) *konzentrieren*   b) *loben*   c) *auffordern*   d) *feiern*   e) *überreden*
f) *ermahnen*   g) *rätseln*   h) *beeilen*   i) *herausfordern* j) *erschrecken*
k) *belehren*   l) *fordern*   m) *alarmieren*   n) *jammern*   o) *informieren*

	Textauschnitte	Verben
A	„Du hast dich ja mächtig angestrengt!"	
B	Jasper drückt seinen Finger lange auf die Klingel.	
C	Aus dem Innern der Wohnung sind hastige Schritte zu vernehmen.	
D	„Ist was passiert?", fragt sie atemlos.	
E	„Weil ich nur einen Fehler gemacht habe, könntet ihr an die Belohnung noch eine Tüte Popcorn hängen."	
F	„Vielleicht bedankst du dich mal!"	
G	„Fangt bloß nicht noch an zu streiten!"	
H	Die Geschwister vertiefen sich in das Programm.	
I	„Jasper, spring mal eben rein und hol zwei Tuben Zahnpasta!"	
J	„Immer ich!"	
K	Der Eingang des Kaufhauses ist mit bunten Luftballons geschmückt.	
L	Verblüfft schauen die Kinder die Kassiererin an und wissen nicht, was das bedeuten soll.	
M	„Das Kaufhaus Steinbach feiert heute sein 25-jähriges Bestehen."	
N	„Eigentlich steht mir das Geld allein zu!", erklärt Jasper grinsend.	
O	„Und was lernen wir daraus?", fragt Papa. „Dass es sich auszahlt, wenn man sich immer gut die Zähne putzt."	

Aus Jules Zimmer tönt schallendes Gelächter.

„Was machen die beiden?", fragt Mama.

Jasper winkt ab. „Schreiben irgend so 'n Quatsch für die Schülerzeitung", meint er abschätzig.

In Jules Zimmer sitzen die beiden Mädchen am Tisch und schreiben eifrig.

„Das ist echt gut!", stößt Rike unter Lachen hervor.

Die beiden haben sich vorgenommen, der Neuen mal einen Denkzettel zu verpassen.

Vor ein paar Tagen war die Neue plötzlich in ihrer Klasse aufgetaucht. Frau Kriegel hatte sie vorgestellt: „Das ist Annika Vollbracht, sie ist ab heute eure neue Mitschülerin."

In der großen Pause hatte Annika dann allein auf dem Hof gestanden. Jule und Rike waren zu ihr gegangen, um sich mit ihr zu unterhalten. Vielleicht war sie ja in Ordnung. Konnte ja sein. Aber Annika war abweisend gewesen, hatte nur knapp geantwortet und war dann einfach weggegangen.

Seitdem waren Jule und Rike nicht mehr gut auf die Neue zu sprechen.

Hinzu kam, dass Annika sich offenbar einbildete, die Beste in Kunst zu sein.

„Ich finde, du kannst viel besser malen als Annika", hatte Jule zu Rike gesagt, auch wenn ihre Kunstlehrerin, Frau Grundig, das offenbar anders sah.

„Das ist ja wunderschön geworden!", hatte Frau Grundig beim Anblick von Annikas Bild gestern ausgerufen. „Du bist die einzige in der Klasse, die das Prinzip der Zentralperspektive konsequent eingehalten hat. Dort oben ist noch Platz an der Pinwand. Häng es doch mal auf!"

Als Annika auf der kleinen Leiter stand, war ihr das Blatt aus der Hand gerutscht und sachte nach unten gesegelt. Genau auf Tills nassen Farbkasten.

Die Klasse hatte gelacht, aber Annika war ärgerlich gewesen.

Tja, da hatte ihr wunderschönes Bild zwei unperspektivische Flecken abbekommen, hatte Jule gedacht und ein schadenfrohes Grinsen nicht verbergen können.

Heute war ihnen nun die Idee gekommen, ein Gedicht zu verfassen und in der Schülerzeitung zu veröffentlichen.

„Lies noch mal vor!" Rike kichert immer noch.

Jule stellt sich in Positur und deklamiert:

> *Wer ist's?*
> *Wer hängt das Kunstwerk an die Wand?*
> *Wem fällt das Kunstwerk aus der Hand?*
> *Die Klasse lacht.*
> *Es ist vollbracht!*

„Oder sollen wir ‚vollbracht' lieber großschreiben?"

„Quatsch! Das checken die andern schon", behauptet Jule. „Das wird ihr den Rest geben. Eingebildete Zicke."

Ungeduldig wartet Jule in den nächsten Tagen auf das Erscheinen der Schülerzeitung.

Als die Zeitschrift schließlich in der Pause verteilt wird, kann sie es kaum erwarten, dass jemand das Spottgedicht entdeckt.

Plötzlich lacht Leon laut auf. Er hat das Gedicht gelesen und macht die anderen darauf aufmerksam.

Gespannt warten Jule und Rike auf Annikas Reaktion.

Annika liest, wird ganz blass, wirft die Zeitung hin und rennt aus der Klasse.

Das hat gesessen, denkt Jule, dreht sich zur Seite und blickt in Rikes grinsendes Gesicht.

Nach dem Unterricht ruft Frau Kriegel die beiden Mädchen zu sich.

„Wisst ihr überhaupt, was ihr da angerichtet habt?", fragt sie streng.

„Wieso? War doch nur 'n Scherz!", verteidigt sich Jule.

„Das wird die Neue doch wohl noch vertragen können", stimmt Rike Jule zu.

„So! Nur ein Scherz!" Frau Kriegel ist wirklich erbost. „Habt ihr denn nicht gemerkt, dass es Annika nicht gut geht. Es ist nicht leicht, sich in einer neuen Klasse einzuleben."

„Wir wollten ja nett zu ihr sein", verteidigt sich Jule. „Aber sie war total eingebildet und hat uns einfach stehen gelassen!"

„Das war sicher nicht richtig von ihr. Aber das liegt bestimmt daran, dass Annika zur Zeit großen Kummer hat."

„Woher sollten wir das denn wissen? Und überhaupt, was hat sie denn?"

„Das müsst ihr sie schon selber fragen. Bei der Gelegenheit könnt ihr euch dann auch gleich bei ihr entschuldigen."

„O nein! Können wir nicht 'ne andere Strafe kriegen?", fragt Rike. „Bücherei aufräumen oder so was?"

Frau Kriegel runzelt die Stirn. „Um die Entschul-

F. Zeitz: Leseförderung mit Erzähltexten aus dem Schüleralltag
© Persen Verlag

digung kommt ihr nicht herum. Aber das mit der Bücherei gefällt mir. Das könnt ihr noch zusätzlich machen. Da fällt nämlich gerade eine Inventur an."

Genervt trottet Jule hinter Rike aus dem Klassenzimmer.

„Bin ja mal gespannt, was das für 'n sogenannter Kummer ist, mit dem sich die blöde Ziege bei Frau Kriegel eingeschleimt hat", nörgelt Rike auf dem Heimweg.

„Wer weiß, vielleicht juckt ihr Ohrläppchen!"

„Oder sie hat 'ne Schramme am Knie!"

„Oder 'n Pickel am Hintern!"

Die beiden schütteln sich vor Lachen. Ihnen würden noch viele Kummer-Gründe einfallen, doch Jule seufzt: „Entschuldigen müssen wir uns trotzdem. Ich will keinen Zoff mit Frau Kriegel."

Rike nickt. „Okay, morgen nach der Schule bringen wir es hinter uns. Aber danach kann sie mich mal, die blöde Kuh!"

*****

Am nächsten Tag passen die beiden Freundinnen Annika auf dem Heimweg ab.

Jule nimmt einen tiefen Atemzug. „Ey Annika, wir wollten ... äh, Frau Kriegel hat gesagt, wir sollten uns bei dir entschuldigen."

Zögernd bleibt Annika stehen und sieht die Mädchen überrascht an.

„Eigentlich wollten wir nur 'n kleinen Joke machen, weil du uns gleich am ersten Tag so doof behandelt hast. Aber Frau Kriegel meinte, du wärst irgendwie schlecht drauf oder so. Stimmt das?"

Annika druckst herum. Erst sieht es so aus, als wolle sie wieder weglaufen. Dann aber wirft sie den Mädchen einen unsicheren Blick zu, räuspert sich und seufzt: „Mein Hund ... er stirbt."

„Was?", rufen Jule und Rike erschrocken wie aus einem Mund.

„Ja, er ist schwer krank und hat Schmerzen. Darum meinen meine Eltern, dass er besser ... eingeschläfert werden sollte." Plötzlich schimmert Feuchtigkeit in Annikas Augen.

Jule schaut verlegen zu Boden. „Es ... äh", murmelt sie schließlich, „... na ja, ich meine, es ist vielleicht wirklich besser, ihn einschläfern zu lassen, wenn er solche Schmerzen hat."

„Du verstehst das nicht!", ruft Annika verzweifelt. „Ich kenne Cocky schon seit meiner Babyzeit. Er war immer bei mir und ist mein bester Freund."

Annika kann die Tränen nicht mehr zurückhalten.

Betroffen blickt Jule zur Seite. Plötzlich schämt sie sich, dass sie sich mit Rike so gemeine Sachen ausgedacht hat.

„Wann ist es denn so weit?", fragt Rike schließlich.

„Heute Nachmittag", schluchzt Annika.

Dann wendet sie sich ab und rennt los.

Mit einem dicken Kloß im Bauch blickt Jule ihr nach.

Am nächsten Tag kommt Annika mit rotgeweinten Augen in die Klasse. Sie wirft Jule und Rike einen traurigen Blick zu, und die beiden versuchen, ihr aufmunternd zuzulächeln.

In der großen Pause gehen Jule und Rike mit Annika auf den Schulhof und lassen sich alles erzählen.

„Jetzt habe ich meinen besten Freund verloren!", sagt Annika traurig.

„Wie wär's, wenn du dafür jetzt öfter mal mit uns unterwegs bist?", fragt Jule.

Etwas unsicher schaut Annika die beiden an.

Rike lächelt. „Pass auf! Uns fällt schon was ein, damit du wieder fröhlich wirst! Zum Beispiel könnten wir ..." Mitten im Satz hält Rike inne, denn von der Seite tritt Frau Kriegel auf sie zu.

„Da seid ihr ja!", wendet sich die Lehrerin an Jule und Rike. „Morgen Nachmittag könnt ihr eure Arbeit in der Bücherei antreten. Ihr braucht nur alle 600 Büchertitel in Listen einzutragen. Dann kann Frau Holte sie in den Computer eingeben. Ich schätze, dass ihr das in drei Stunden schaffen könnt."

„Wie bitte?" Fassungslos starrt Jule ihre Lehrerin an. „Drei Stunden?"

„Ich helfe euch!", sagt Annika, und als sie Jules dankbarem Blick begegnet, zeigt sich doch noch ein Lächeln auf ihrem Gesicht.

Wenn die beiden drei Stunden für die Bücherlisten brauchen, wie lange dauert es dann, wenn Annika mithilft?

Hast du auch schon mal erlebt, dass man sich über jemanden ärgert, nur weil man die Gründe für sein Verhalten nicht kennt?

F. Zeitz: Leseförderung mit Erzähltexten aus dem Schüleralltag
© Persen Verlag

Beantworte die Fragen mit dem Stiftzeichen in deinem Heft.
Wenn du bei den Aufgaben unsicher bist, überfliege den Text noch einmal.
Bevor du mit den Aufgaben beginnst, unterstreiche im Text die Schlüsselwörter.

1. Welche Kurzfassung stimmt? Kreuze an.

① Annika hat Jule und Rike gekränkt. Deshalb beschließen die beiden, die Neue zu ärgern. Sie verfassen ein Spottgedicht. Als Annika darauf sehr betroffen reagiert, werden Jule und Rike von ihrer Lehrerin aufgefordert, sich bei Annika zu entschuldigen. Als die beiden das schweren Herzens tun, erfahren sie, dass Annika großen Kummer wegen ihres kranken Hundes hat. Als der Hund eingeschläfert werden muss, trösten sie Annika und bieten ihr ihre Freundschaft an.

② Annika hat Jule und Rike gekränkt. Deshalb beschließen die beiden, die Neue zu ärgern. Als Annika darauf sehr betroffen reagiert, werden Jule und Rike von ihrer Lehrerin aufgefordert, sich bei Annika zu entschuldigen. Doch die beiden möchten das nicht. Stattdessen sprechen sie Annika auf dem Schulweg an und machen ihr bittere Vorwürfe. Annika wendet sich einfach ab und geht nach Hause. Mit diesen Mädchen möchte sie nichts zu tun haben.

2. Streiche die Begriffe, die mit dem Inhalt der Geschichte nichts zu tun haben.

a) Schülerzeitung b) Deutschunterricht c) neue Mitschülerin d) Farbkasten e) Spottgedicht
f) Wettbewerb g) Kummer h) Bücherei i) Ferien j) Inventur k) Entschuldigung l) Heft

3. Fragen zum Text.

a) Für welche Zeitung schreiben Jule und Rike das Spottgedicht?
b) Wie heißt Annika mit Nachnamen?
c) Jule und Rike sollen sich bei Annika entschuldigen und …
d) Wie heißt Annikas Hund?

4. Ordne die Synonyme (Begriffe mit gleicher oder ähnlicher Bedeutung) den Wörtern zu.

vortragen – abbrechen – glänzen – zaudern – stöhnen – stieren
vermuten – aufschreiben – verwundert – bestürzt – verärgert
beflissen – räumlich – schwermütig – betreten – planmäßig

> **TIPP!** Verwende ein Synonymwörterbuch.

A	verfassen	
B	deklamieren	
C	zögern	
D	seufzen	
E	schimmern	
F	schätzen	
G	innehalten	
H	starren	

I	konsequent	
J	perspektivisch	
K	erbost	
L	eifrig	
M	verlegen	
N	überrascht	
O	traurig	
P	betroffen	

F. Zeitz: Leseförderung mit Erzähltexten aus dem Schüleralltag
© Persen Verlag

5. Finde selbst Synonyme für folgende Ausdrücke.

   a) schallendes Gelächter
   b) schadenfrohes Grinsen

6. Warum sind Jule und Rike auf Annika nicht mehr gut zu sprechen?

   Als Jule und Rike …

7. Wie beurteilst du Annikas Verhalten, als sie zum ersten Mal von Jule und Rike angesprochen wird?

   ① Annikas Verhalten ist verständlich, denn sie war wegen ihres kranken Hundes nicht in der Lage, auf die beiden Mitschülerinnen einzugehen.
   ② Annika hat sich schlecht benommen, denn man darf nicht derart unhöflich sein, auch wenn man Probleme hat.
   ③ Annika hätte einfach sagen sollen, dass sie sich nicht gut fühlt und deswegen um Verständnis bittet.
   ④ Spätestens am nächsten Tag hätte sich Annika bei Jule und Rike für ihr schlechtes Benehmen entschuldigen müssen.

8. Zu Hause berichtet Jule, warum sie sich mit Annika wieder vertragen hat.

9. Fasse in wenigen Sätzen die Geschichte zusammen.

   Einleitung: …
   Hauptteil: …
   Schluss: …

„Ich hätte Lust, mal wieder mit den Bikes durch den Wald zu düsen", sagt Manni auf dem Weg zum Fahrradschuppen.

Jasper nickt. „Gute Idee! Wir könnten uns ... Hey, was ist das denn?" Er bückt sich und greift nach einer Dose, die unter einem der Fahrradständer liegt. „Sieht aus wie 'ne Spraydose."

„Gib mal her!" Während Jasper noch zu lesen versucht, was auf der Dose steht, greift Manni zu. Die Dose fällt herunter und hinterlässt auf Mannis Hose eine rote Spur.

„Was machst du denn, du Tröte? Guck mal meine Hose an!"

„Sorry, ist mir aus der Hand gerutscht."

„Hoffentlich geht das beim Waschen raus."

„Mal sehen, ob draufsteht, wie man das Zeug wieder rauswäscht." Jasper hebt die Dose auf und versucht den kleingedruckten Text zu lesen. In diesem Augenblick fühlt er sich von einer kräftigen Hand im Genick gepackt.

„Hab' ich euch endlich erwischt!"

Jasper dreht sich um und starrt erschrocken in das wütende Gesicht von Hausmeister Fenner.

„Was haben wir denn gemacht?", fragt Manni aufgebracht. „Wir haben doch bloß die Dose aufgehoben."

„Bloß die Dose aufgehoben!" Herr Fenner lacht höhnisch auf. „'Ne bessere Ausrede ist euch wohl nicht eingefallen, was?" Er zeigt auf die Rückwand des Schuppens.

Entsetzt sieht Jasper, dass dort in großen roten Lettern steht:

fenner der penner

„Das ...", beginnt Jasper und hat ein mulmiges Gefühl im Bauch, „... das waren wir wirklich nicht!"

Doch Herr Fenner lässt sich nicht beirren.

„Los, mitkommen!", bellt er und seine Hände schließen sich wie Schraubstöcke um die Unterarme der Jungen.

„Ich hab' die beiden Schmierer geschnappt!", brüllt Herr Fenner, als er mit Jasper und Manni ins Zimmer der Schulleiterin stürmt.

Erstaunt sieht Frau Köhring von ihrem Schreibtisch auf. „Herr Fenner ..."

Triumphierend zieht der Hausmeister die beiden Jungen nach vorn.

„Wir waren das nicht!", beteuert Jasper verzweifelt. „Wir haben nur die Spraydose gefunden."

„Ha, elende Ausreden!", zischt Herr Fenner zornig.

Die Schulleiterin lässt sich zuerst von Herrn Fenner und dann von den Jungen die Vorkommnisse schildern.

„Sie haben nicht gesehen, wie die Jungen etwas an die Wand gesprüht haben", sagt Frau Köhring schließlich nachdenklich zu Herrn Fenner. „Wir haben keine Beweise."

Herr Fenner gibt einen gereizten Schnauflaut von sich. „Keine Beweise? Einer hatte die Spraydose in der Hand und der andere hat rote Farbe an der Hose. Wenn das keine Beweise sind!"

„Trotzdem kann es sich so abgespielt haben, wie die Jungen es erzählt haben."

Die Schulleiterin wendet sich an Jasper und Manni. „Ihr könnt gehen. Ich kann nur hoffen, dass ihr es wirklich nicht wart."

Wütend über den ungerechten Verdacht verlässt Jasper neben Manni das Schulgebäude.

„Morgen wird die ganze Schule denken, dass wir die Sprayer sind, wetten?", knurrt Manni. „Und ich weiß auch schon, wer sich mächtig freuen wird, dass wir Verdächtige sind."

Jasper schaut ihn fragend an.

„Na, Beppo natürlich, unser spezieller Freund."

Plötzlich bleibt Manni stehen. „Das ist es, Mann! Wir müssen selber rausfinden, wer der Sprayer ist." Jasper runzelt die Stirn. „Wie willst du das denn anstellen?"

„Pass auf! Im Schuppen führt doch eine Tür zu so 'ner Abstellkammer mit Putzzeug. Dort verstecken wir uns, bis wir den Täter erwischen. Dann sagen wir schnell dem Hausmeister Bescheid und ..."

„Na, super!", fährt Jasper dazwischen. „Wir sehen also den Täter, kommen aus der Abstellkammer und sagen zu ihm ‚warte kurz, wir holen grad' mal den Hausmeister'. Wirklich 'ne klasse Idee."

„Quatsch! Wir haben natürlich ein Handy bei uns", verteidigt Manni seinen Vorschlag.

„Dann haben wir immer noch das Problem, dass der Abstellraum immer abgeschlossen ist", wendet Jasper ein.

„Ist doch null Problem für 'n Super-Cop!"

„Ich nehme an, du meinst dich damit."

„Logo! Ich hab' nämlich schon zwei Mal gesehen, dass sich die Putzfrauen den Schlüssel aus der Hausmeisterkabine holen. Er hängt direkt neben der Tür an der Wand. Na, was sagst du nun, Blitzmerker? Wir dürfen nur nicht vergessen, Fenners Nummer aus dem Telefonbuch rauszusuchen."

*****

F. Zeitz: Leseförderung mit Erzähltexten aus dem Schüleralltag
© Persen Verlag

„Na toll!", stöhnt Manni. „Seit vier Tagen hocken wir nun schon jeden Mittag in diesem Kabuff und was passiert? Nix! Wird allmählich langweilig. Ich glaube, mein Vorschlag war doch nicht so cool."

Doch jetzt verteidigt Jasper die Idee. „Sei doch nicht so ungeduldig", flüstert er. „Wir wussten doch von vornherein, dass es ein paar Tage dauern könnte."

„Du kannst ruhig lauter sprechen. Es kommt ja sowieso kei..." Manni kann den Satz nicht zu Ende sprechen, weil Jasper ihm die Hand vor den Mund hält.

Beide spähen durch den Türspalt. Eine vermummte Gestalt geht mit schnellen Schritten auf die frisch gestrichene Rückwand zu und zieht eine Spraydose aus der Jacke.

Nervös fuchtelt Manni mit einem Zettel in der Luft herum. Schließlich hat er seine vor Aufregung bebenden Finger so weit unter Kontrolle, dass er die Nummer wählen kann: 8 – 7 – 3 – 5 – 2 – 4.

Er drückt die Verbindungstaste und lauscht. Dann wendet er sich mit hilflosem Gesichtsausdruck an Jasper. „Es geht nicht!"

„Gib her!" Jasper reißt ihm das Handy aus der Hand und wählt noch mal. – Rufton. Dann eine mürrische Stimme: „Fenner!"

„Herr Fenner, kommen Sie schnell, der Sprayer ist wieder da", flüstert Jasper atemlos.

„Wer ist denn da?"

„Ich bin es, Jasper. Kommen Sie schnell!" Er schaltet das Handy ab und drückt es Manni in die Hand.

Bange Sekunden starren die beiden durch den Türspalt und warten, dass der Hausmeister endlich kommt.

Plötzlich steht Beppo in der Tür und schreit „Achtung!"

Sofort wirft der Vermummte die Spraydose in eine Ecke, reißt seine Kapuze herunter und stellt sich neben eines der wenigen Fahrräder, die noch im Schuppen stehen. Jetzt erst erkennt Jasper, dass es sich um Ronny Strehle handelt. Von draußen ertönt großer Lärm. Man hört die tiefe Stimme des Hausmeisters und Beppos Geschrei.

Herr Fenner schiebt Beppo vor sich her in den Fahrradschuppen. Zornig starrt er auf die Rückwand, auf Ronny und dann auf Beppo.

„Ich hab' damit nichts zu tun, das war Ronnys Idee!", kreischt Beppo.

„Wovon redest du? Ich wollte doch nur mein Fahrrad holen." Ronny sieht den Hausmeister herausfordernd an.

„Und wer hat das da an die Wand geschmiert?" Herr Fenner steht mit zornrotem Gesicht vor Ronny. „Keine Ahnung. Sie haben jedenfalls keine Zeugen und können mir nichts beweisen!"

„Die Sache mit den Zeugen könnte man auch anders sehen", bemerkt Jasper, während er lässig neben Herrn Fenner tritt. Ehe Ronny etwas sagen kann, lacht Manni ihm ins Gesicht. „Und was dein Fahrrad angeht, das sehe ich hier nicht. Du stehst nämlich zufällig neben meinem Rad. Außerdem habe ich hier noch etwas." Manni zieht sein Handy aus der Tasche. „Ein hochinteressantes Video, das ich gerade aufgenommen habe."

Angesichts der überwältigenden Beweise bleibt Ronny und Beppo nichts anderes übrig, als alles zuzugeben.

Es ist schon spät, als Jasper und Manni die Schule verlassen. Jasper ist zufrieden. Der Hausmeister hat sich sogar bei ihnen entschuldigt und bedankt.

An der Bushaltestelle treffen sie auf Beppo und Ronny.

„Das wird euch noch leid tun!", zischt Ronny den beiden von der Seite zu.

Jasper will Manni schnell an Ronny vorbeiziehen. Doch Manni bleibt stehen, stößt einen Seufzer aus und wendet sich kopfschüttelnd an Ronny: „Echt jetzt mal, Ronny: Fällt dir wirklich nichts anderes ein? Du kannst einem richtig leid tun mit deinen Komplexen. Muss schlimm sein."

„Spinner!" Ronny lacht höhnisch auf und zieht mit Beppo im Schlepptau ab.

„Musstest du ihn denn unbedingt noch reizen?", fragt Jasper vorwurfsvoll.

„Hey, solchen Typen muss man zeigen, dass man sich nicht vor ihnen fürchtet, selbst wenn man in Wirklichkeit Angst vor ihnen hat. Sonst lassen sie einen nie in Ruhe."

Jasper nickt. Er ist froh, einen Freund wie Manni zu haben.

Weißt du, warum Manni bei seinem Anruf keinen Anschluss bekam?

Verstehst du, was Manni meinte, als er sagte, Ronny könne ihm leid tun?

F. Zeitz: Leseförderung mit Erzähltexten aus dem Schüleralltag
© Persen Verlag

Beantworte die Fragen mit dem Stiftzeichen in deinem Heft.
Wenn du bei den Aufgaben unsicher bist, überfliege den Text noch einmal.
Bevor du mit den Aufgaben beginnst, unterstreiche im Text die Schlüsselwörter.

1. **Schreibe die sechs Personen auf, die in dieser Geschichte vorkommen.**

2. **Erkläre mit deinen Worten, was ein Sprayer ist.**

3. **Die Geschichte kann man in drei Kapitel einteilen.**
   Formuliere zu jedem Kapitel eine Überschrift.

4. **Kreuze an.**

	Aussage	richtig	falsch
A	Jasper und Manni machen sich auf den Weg zum Schönauer Forst.		
B	Im Fahrradschuppen finden sie eine Spraydose.		
C	Als die Dose herunterfällt, hinterlässt sie auf Mannis Hose eine grüne Spur.		
D	Der Hausmeister schnappt die Beiden und bringt sie zur Schulleiterin.		
E	Er behauptet, Jasper und Manni hätten die Wand im Schuppen beschmiert.		
F	Jasper und Manni beschließen, den wahren Täter selbst zu finden.		
G	Sie verstecken sich im Abstellraum des Fahrradschuppens.		
H	Vier Wochen lang warten sie vergebens.		
I	Plötzlich taucht ein Vermummter mit einer Spraydose auf.		
J	Jasper und Manni laufen zum Hausmeister.		
K	Beppo versucht, Ronny zu warnen.		
L	Herr Fenner ergreift beide und bringt sie zu ihren Eltern.		
M	Ronny und Beppo müssen schließlich alles zugeben.		
N	Zum Schluss entschuldigt sich Herr Fenner bei Jasper und Manni.		

F. Zeitz: Leseförderung mit Erzähltexten aus dem Schüleralltag
© Persen Verlag

5. Wie beurteilst du das Verhalten des Hausmeisters?

① Der Hausmeister hat sich richtig verhalten, denn er kann sich nicht alles bieten lassen.
② Meiner Ansicht nach hat der Hausmeister völlig übertrieben reagiert.
③ Obwohl es aus der Sicht des Hausmeisters so aussah, als ob Jasper und Manni die Täter wären, hätte er sie nicht gleich beschuldigen dürfen.
④ Der Hausmeister hätte sich um das bisschen Geschmiere gar nicht kümmern sollen.

6. Schreibe zu den Ausdrücken aus dem Text die passenden Wörter mit gegenteiliger Bedeutung.

A) bücken   D) verteidigen   F) mürrisch   I) hilflos
B) greifen   E) vergessen   G) aufgeregt   J) vorwurfsvoll
C) aufheben   H) verzweifelt

a) anklagen   b) sich aufrichten   c) sich merken   d) hinlegen
e) loslassen   f) tolerant   g) freundlich   h) gelassen
i) entspannt   j) souverän

7. Finde selbst Wörter mit gegenteiliger Bedeutung.

a) brüllen   d) lachen   f) weich   i) froh
b) sprechen   e) beginnen   g) kräftig   j) streng
c) geben   h) tief

8. Ordne die Sprichwörter den Aussagen zu.

Jasper und Manni werden zu Unrecht verdächtigt, eine Wand beschmiert zu haben.	Angriff ist die beste Verteidigung.
Manni macht Jasper Mut und schlägt ihm vor, selbst herauszufinden, wer der Täter ist.	Wer zuletzt lacht, lacht am besten.
Ronny behauptet, er wolle nur sein Fahrrad holen, doch er steht neben Mannis Fahrrad.	Ende gut, alles gut.
Als die Täter gestanden haben, lächeln sich Jasper und Manni zufrieden an.	Ein Freund in der Not ist in der Tat ein Freund.
Als Ronny den beiden Freunden drohen will, greift Manni ihn sofort an.	Geteiltes Leid ist halbes Leid.
Am Schluss sind die beiden Freunde froh, dass alles so gut ausgegangen ist.	Lügen haben kurze Beine.

1 Jule taucht unter

1. a) Jule b) Ronny c) Stefan d) ② die Sportlehrerin e) die Zirkusnummer der 6b f) Lose g) Manni
2. Jule versteckt sich unter dem Spültisch. – Jules Klasse hat ein Theaterstück aufgeführt. – Klasse 6b will eine Zirkusnummer zeigen. – Ronny versteckt Stefans Hose hinter der Heizung. – Stefan darf den Luftballonstart ansagen. – Jasper sucht seine Schwester. – Rike ist Jules Freundin. – Frau Beckstein holt die Jungen aus der Schulküche.
3. Reihenfolge: 3 6 7 10 4 8 5 1 9 12 2 11
4. a) Jasper b) Nicaragua c) eine Tischtennisplatte d) Rike e) Ronny f) Frau Beckstein
   g) Lose verkaufen h) Stefan
5. selbstgefällig – angeberisch – niederträchtig
6. Kostüm/Verkleidung – Tombola/Glücksspiel – Joke/Spaß – akrobatisch/turnerisch – gespannt/erwartungsvoll – tadellos/perfekt – verdrossen/missmutig – kleinlaut/verschämt – verdrießlich/beleidigt
7. Möglichkeiten: Ronny einen Zettel schreiben – auf dem Schulhof zurückgeben – Putzeimer mit T-Shirt an Ronnys Platz stellen – seinen Freunden Bescheid sagen

2 Jaspers schwerer Gang

1. Jasper – Beppo – Sergej
2. a) Sergej b) Jasper und Beppo c) Beppo d) Jasper e) Sergej f) Jasper g) Olga
   h) am Abendbrottisch
3. unschlüssig – unfair – gleichgültig – ängstlich – verständnisvoll – verlegen – streng – versöhnlich
8. ① Jaspers Verhalten ist verständlich, denn Beppo scheint ein rachsüchtiger Junge zu sein.
9. ③ Der Vater möchte, dass Jasper die Situation der Aussiedler besser versteht.

3 Rache ist salzig

1. a) Jasper und Manni b) Jule c) Frau Kriegel d) Nudeln mit Tomatensoße e) Salz
   f) zwei Eisbecher
2. ② Till ③ Malte ⑤ Susi ⑥ Kevin ⑧ Lara
3. Lückenwörter: Jasper – Aufsatzheft – wütend – rächen – sprechen – miteinander – klebt – Rücken steht – Rache – Jasper – Telefon – schüttet – Salz – Mutter – Eisbecher
4. ④ Kurzgeschichte
6. gereizt/verstimmt – neugierig/wissbegierig – theatralisch/geziert – erstaunt/überrascht – vorsichtshalber/sicherheitshalber – amüsiert/belustigt – entsetzt/geschockt – verächtlich/abschätzig – bockig/eigensinnig – verschämt/verlegen
7. Ich habe mit dem Handy unsere eigene Nummer angerufen. Als das Telefon klingelte, habe ich laut gerufen: „Ja, okay. Ich hole ihn." Dann habe ich Jasper zugerufen: „Manni ist am Telefon!" Jasper ist in den Flur getrottet. Schnell habe ich ihm Salz über seine Nudeln geschüttet.

4 Ferien mit der Tonne

1. a) Jaspers und Jules Cousine – b) Marie-Antonia – c) weil sie so dick ist
3. b) Spielplatz c) Fußballfeld d) Schule h) Schulhof j) Klassenraum k) Wald
4. Reihenfolge: ② ④ ① ③ ⑥ ⑤
5. a) Unerwünschter Besuch b) Die Spielverderberin c) Tonnes Kummer d) Aus Tonne wird Tonia
   e) Ein Ausflug wird geplant
6. a) Jasper und Jule ärgern sich, weil ihre Cousine, die sie nicht leiden können, zu Besuch kommt.
   b) Bei allen Spielen, die sich die Freundesgruppe ausdenkt, stellt sich die Tonne so ungeschickt an, dass sich Jasper und Jule für ihre Cousine schämen.
   c) Erst als der Vater ihnen Mobbing vorwirft, überlegt Jule, wie sie ihrer Cousine helfen kann.
   d) Als es der Tonne gelingt, zwei Jugendliche zu überreden, mit Jasper und seinen Freunden Volleyball zu spielen, freunden sich die Kinder endlich an.

5 Jagd auf einen Panther

1. a) Sevim b) Adrian c) Jule d) Leon e) Jasper f) Manni
2. A/d: begeistert B/a: ängstlich C/c: niedergeschlagen D/j: einfallsreich E/k: beratschlagend
   F/l: brutal G/h: handgreiflich H/e: vorsorglich I/g: erleichtert J/b: triumphierend K/i: mahnend
   L/f: neugierig

F. Zeitz: Leseförderung mit Erzähltexten aus dem Schüleralltag
© Persen Verlag

3. ① Die Klasse bekommt heute keine Hausaufgaben auf. ② Adrian wird von einem großen Jungen erpresst. ③ Robin hat eine gute Idee. ⑥ Die Freunde verstecken sich in einem Gebüsch. ⑨ Die Fotos beweisen Panthers Schuld. ⑩ Panther muss das Geld zurückgeben.

6. Vorschläge:
   a) Die Klassenkameraden sehen Sevim erstaunt an. b) Adrian presst die Lippen zusammen und wendet sich eilig ab. c) Die Freunde sind gut verborgen, können den Brunnen aber klar sehen. d) Auf einmal dreht sich Panther um und bemerkt Robin. e) Panther muss alles eingestehen und das Geld zurückerstatten.

6 Die Gehirnzellen werden trainiert

1. a) Rapper b) Astronaut c) Jule und Rike
2. regnet – Manni – Computerspiel – Spaß – die Mädchen – Monopoly – Puzzle – weggenommen – verstecken – bemerken – Geheimschrift – versteckt
3. a) Raumfahrer b) Monitor
4. ② freundschaftliches Miteinander ⑤ ideenreiche Freizeitgestaltung
5. vertiefen/sich versenken – sortieren/einteilen – erwidern/entgegnen – schimpfen/schelten vage/verschwommen – konzentriert/aufmerksam – gebannt/fasziniert – treuherzig/arglos
6. A) Während sich Jasper achselzuckend wieder seinem Spiel zuwendet, schlendert Manni durch den Flur zu Jules Zimmer.
   B) Mit konzentrierter Miene beugt sich Manni nun ebenfalls über das Puzzle.
   C) Die beiden Mädchen verschwinden und die beiden Jungen denken sich eine schwierigere Geheimschrift aus.
   D) Es dauert eine ganze Weile, bis sie die Mädchen rufen können.
   E) Diesmal brauchen sie doch entschieden länger, bis sie den Geheim-Code geknackt haben.
   F) Wieder gehen Jule und Rike raus und die Jungen knobeln über einer neuen Geheimschrift.
   G) Sie sind völlig in ihre Grübeleien vertieft, als Jules Mutter hereinkommt.
   H) Die Kinder stürmen in die Küche und machen sich über die Waffeln her.
7. Geheimschrift 1: KURT UND SEIN SOHN SITZEN IN EINER KALTEN HÜTTE.
   KURT SAGT: FEUER MAL DEN OFEN AN.
   SCHREIT DER SOHN: LOS OFEN, VORWÄRTS!
   Geheimschrift 3: KURT STÖHNT: NEIN, DU SOLLST IHN ANMACHEN.
   SAGT DER SOHN: NA, OFEN, HEUTE SCHON WAS VOR?

7 Das Bernsteinopfer

1. a) zum Segelflugplatz b) ein Basketballturnier c) einen Bernstein d) Frau Holte e) 11.55 Uhr
   f) beim Zahnarzt
2. a) Geschwisterstreit d) Ein Missverständnis f) Jaspers schlechtes Gewissen
3. Reihenfolge: A/f: abwehrend B/k: misslaunig C/d: verlegen D/b: gleichmütig E/i: eindringlich
   F/e: großzügig G/j: beiläufig H/g: hastig I/a: ungeduldig J/h: erfreut K/l: ärgerlich
   L/c: ernüchtert
6. z. B. a) Show abziehen: Theater machen/aufgeblasenes Getue – b) komplett: vollständig/total
   c) abrupt: unvermittelt/plötzlich – d) gleichmütig: gleichgültig/uninteressiert
9. Bernstein ist Harz von Nadelhölzern aus der Tertiärzeit.

8 Auf die Plätze – fertig – los!

1. Reihenfolge: 1. Sergej 2. Jule 3. Susi 4. Leon 5. Jasper 6. Rike 7. Manni 8. Lara
   9. Saskia 10. Till
2. a) sich verausgaben/das Letzte hergeben b) erwähnen/zu verstehen geben
   c) einwenden/zu bedenken geben d) eintrudeln/sich einfinden
3. In der Einleitung erhält man Informationen über … ① den Anlass für das Wettschwimmen;
   ③ den Ort der Handlung;   ⑥ die handelnden Personen.
6. z. B.: erschöpft: ausgelaugt, abgehetzt, abgeschlafft, geschafft – auf den Rasen: ins Gras, auf die Wiese – kaputt: erledigt, geschafft, k.o., am Ende – spöttisch: hämisch, höhnisch, ironisch, anzüglich – sofort: gleich, auf der Stelle – verächtlich: abschätzig, höhnisch, abfällig, missfällig – Gib nicht so an!: Prahl nicht so!/Zieh nicht so eine Show ab!/Spuck nicht so große Töne!/Sei

F. Zeitz: Leseförderung mit Erzähltexten aus dem Schüleralltag
© Persen Verlag

nicht so eingebildet! – klar: natürlich, selbstverständlich, bestimmt, eindeutig – ausprobieren: testen, überprüfen – abgemacht: in Ordnung, okay, einverstanden – im Freibad: im Schwimmbad, in der Badeanstalt

9 Ein Dieb wird gesucht

1. a) Leon   b) seinen Gameboy   c) Rikes Tisch   d) Susis Bücher   e) Wuschel   f) Gitarrenunterricht
   g) Ronny   h) 25 Euro   i) hinter den Müllcontainern
2. z. B. Trödelmarkt oder Markt, auf dem gebrauchte Gegenstände verkauft werden
3. 1/h: Leons Computerspiel   2/b: Auf dem Flohmarkt   3/j: In der Pause   4/e: Auf dem Heimweg
4. c) Flohmarkt   d) Leons Zimmer   e) Schulhof   g) Heimweg
7. a) schleppend – zögerlich   b) typisch – unverkennbar   c) stabil – widerstandsfähig
   d) absolut – unbedingt   e) einwandfrei – untadelig   f) skeptisch – argwöhnisch
   g) unwillig – widerstrebend   h) überheblich – selbstgefällig

10 Das weiße Kleid

1. a) ein weißes Spitzenkleid   b) ein Theaterstück   c) Jule und Susi
2. Richtige Antworten: Jule ist enttäuscht, weil ihr Wunsch nicht in Erfüllung gegangen ist. – Am Nachmittag wollen Jasper und Jule mit ihren Freunden zur Kirmes gehen. – Jule möchte sich ein Kleid von ihrem Spargeld kaufen. – In letzter Minute kommt Jasper mit Rikes weißem Kleid.
3. ① missgünstig   ③ boshaft   ⑤ übelwollend   ⑥ scheinheilig
4. enttäuscht/unzufrieden – unglaublich/unwahrscheinlich – ideal/geeignet – perfekt/vollkommen
   verächtlich/abschätzig – schweigend/stumm – aufgeregt/nervös – ratlos/hilflos
   Kirmes/Jahrmarkt – Geburtstag/Ehrentag – Theaterstück/Schauspiel – Szene/Auftritt
   Monolog/Selbstgespräch – Publikum/Zuschauer – Bühnenbild/Kulisse – Vorstellung/
   Aufführung
6. a) Susi kämpft um die Hauptrolle.   b) Jule steht am Fenster und versucht, ihr Lampenfieber zu bekämpfen.
7. a) Die Lehrerin sagt, es sei eine Rolle mit sehr viel Text.   b) Jule sagt, sie würde die Rolle so gern spielen.   c) Rike erklärt, dass Jule die Rolle bestimmt gut spielt.   d) Susi behauptet, sie sei gestolpert.   e) Susi meint, dass Jule in dem Kleid heute nicht spielen kann.   f) Frau Kriegel sagt, dass Jule sich beeilen soll.

11 Mädchen-Power

1. a) Robin   b) in der Sporthalle   c) sieben Wochen   d) Frau Beckstein   e) Saskia   f) Susi
2. Reihenfolge: 11   4   7   1   9   6   10   12   2   5   8   3
3. ② Jule versammelt in der großen Pause die Mädchen um sich.   ③ Beim heimlichen Training verlangt Susi, dass sich alle an ihre Anweisungen halten.   ⑤ Jule bittet Frau Beckstein, noch einmal gegen die Jungen antreten zu dürfen.   ⑦ Zur Pause führen die Mädchen.   ⑨ Die Jungen können es nicht fassen, dass die Mädchen tatsächlich gewonnen haben.
4. Reihenfolge: A/d: höhnisch   B/e: wütend   C/a: erstaunt   D/b: beherrscht   E/g: einsichtig
   F/c: angeberisch   G/f: verzagt

12 Wiedergutmachung

1. a) Gemüsebeet   b) Baumhaus   c) Jasper, Jule, Manni, Rike, Robin, Leon   d) Äste   e) Zweigen
   f) Robin   g) Abfall aufsammeln
2. Sie haben vereinbart, dass die Kinder spätestens um acht Uhr abends zu Hause sein sollen.
3. ① die beiden Hauptpersonen   ③ die Ankündigung einer Arbeit, die am Schluss zur Wiedergutmachung führt   ④ die Verabredung, die zum Problem der Geschichte wird
5. a) begutachten: z. B. beurteilen/bewerten   b) stabilisieren: z. B. festigen/stabil machen
6. a) Senioren: z. B. Rentner/Alte   b) sang- und klanglos: z. B. ohne Aufhebens/unbemerkt
8. A/f: besorgt   B/j: kritisch   C/e: knifflig   D/c: ironisch   E/b: erbost   F/i: übermütig   G/g: verwirrt
   H/h: beschwichtigend   I/a: verstimmt   J/d: ungeduldig

13 Jasper in Not

1. a) Berlin   b) Ruth   c) Europaplatz   d) seine Eltern
2. a) ~~Hamburger~~/Berliner   b) ~~Koffer~~/Rucksack   c) ~~Landstreicher~~/Polizisten

F. Zeitz: Leseförderung mit Erzähltexten aus dem Schüleralltag
© Persen Verlag

Lösungen zu den Arbeitsblättern

d) ~~Straßenbahn~~/S-Bahn e) ~~Polizei~~/Auskunft f) ~~Zaun~~/Betonsockel
g) ~~Abendessen~~/Mittagessen
4. a) Stockwerk/Etage b) Landstreicher/z. B. Vagabund c) Telefonsäule/Fernsprechsäule
d) Rufton/Freizeichen
5. z. B. a) Die Zwillinge sind nach Berlin gefahren, weil sie ihre Tante besuchen wollen.
b) Jasper wird am Aussteigen gehindert, weil eine dicke Frau ihn mit ihrem Gepäck aufhält.
c) Er sucht den Bahnsteig ab, doch Jule und Onkel Bernd sind nicht zu sehen.
d) Auch draußen vor dem Bahnhof keine Spur von Onkel Bernd und Jule.
e) Jasper will Tante Ruth anrufen, doch er kennt ihre Nummer nicht.
f) Schließlich fällt ihm ein, dass er ja seine Eltern anrufen kann.
g) Sein Vater sagt ihm, dass er Tante Ruth Bescheid sagen will.
h) Als er vor dem Bahnhof wartet, tauchen plötzlich Jule und Onkel Bernd auf.
6. b) ~~Fahrkarte~~ c) ~~Koffer~~ g) ~~U-Bahn-Schalter~~ m) ~~Fahrstuhl~~
8. a) erreichen/ankommen b) beeilen/sich sputen c) annehmen/vermuten d) hasten/eilen
e) fliehen/flüchten f) zittern/beben g) vergesse/versäumen h) bewundern/bestaunen
i) direkt/unmittelbar j) erstaunt/verwundert

14 Wetten?
1. a) das Schulhofmodell b) eine Skaterbahn c) der Schulausschuss
d) seine potugiesische 1-Cent-Münze e) in Portugal
2. ① den Wunsch der Schüler für die Schulhofgestaltung ③ die Probleme, die eine Verwirklichung
des Wunsches infrage stellen ④ die handelnden Personen ⑤ die Wette
3. Reihenfolge: 3 – 7 – 12 – 1 – 5 – 9 – 11 – 2 – 8 – 10 – 4 – 6
4. Skateboard = 4   Inliner = 3   Gokart = 1   Surfbrett = 2
6. z. B.: a) Darauf braucht ihr nicht zu hoffen.
b) Das Bauvorhaben wird wahrscheinlich abgelehnt.
c) Ist dir die Vereinbarung zu gewagt?
d) Geht rechtzeitig los!
e) Die Geschwister haben sich in die Zeitung versenkt.
f) Eilig lesen die beiden die Zeitungsnotiz.
g) Bestürzt schauen die Kinder auf die Uhr.
h) Mit Bedauern reicht Jasper Manni die Rarität.
7. Pessimist/Schwarzseher – Vitrine/Schaukasten – Rarität/Kostbarkeit
trostlos/öde – mühsam/beschwerlich – gemäßigt/maßvoll
8. Zurzeit: Belgien, Deutschland, Finnland, Frankreich, Griechenland, Irland, Italien, Luxemburg,
Malta, Niederlande, Österreich, Portugal, Slowenien, Spanien, Zypern.
(Siehe Lösungsblatt der Rätselfragen!)

15 Unfreiwilliges Fitnessprogramm
1. ① Die Schüler sollen Till einen Brief schreiben. ④ Frau Kriegel bittet Jasper und Jule, den
Umschlag mit den Briefen bei Till abzugeben. ⑤ An der Bushaltestelle treffen die beiden auf ihren
Nachbarn, der einen Hund auf dem Arm hat. ⑦ Die Geschwister sehen sich auch noch Leons
neuen Computer an. ⑧ Als sie schließlich vor Tills Haus stehen, bemerken sie, dass keiner von
beiden den Umschlag hat.
2. a) schließt/sammelt b) MP3-Player/Computer c) Tante/Oma d) radeln/gehen e) Sofa/Bett
3. Ihr wisst hoffentlich alle noch, wie man einen Briefbogen aufteilt.
Als die beiden an der Haltestelle vorbeigehen, treffen sie ihren Nachbarn.
„Hey Bundeskanzler!", sagt Jasper und macht einen lässigen Gruß mit der Hand.
Jule drückt Jasper den Umschlag in die Hand und lässt sich das Hündchen auf den Arm geben.
Als die Kinder die Tür öffnen, bleiben sie wie angewurzelt stehen.
Etwas verdrossen hören Jasper und Jule zu, wie Till aus den Briefen vorliest.
5. a) Jasper schlägt sich vor den Kopf. b) Sie bleiben wie angewurzelt stehen. c) Bin ich euer
Kindermädchen?
6. ③ Weil Leon sich denken konnte, dass die beiden noch mal zurückkommen würden, hätte er den
Umschlag seiner Mutter geben sollen.
7. ① Man erfährt den Grund für die Handlung der Geschichte. ② Die handelnden Personen werden

vorgestellt.
8. Prachtstück: z. B.: ein kostbarer Wertgegenstand – Katastrophe: z. B.: ein gewaltiges Unglück
Schlafwandler: z. B.: jemand, der mondsüchtig ist

16 Zähneputzen zahlt sich aus
1. ① Jasper   ③ Jule   ④ Frau Kriegel   ⑥ die Eltern
2. z. B.: Ein Hörbuch ist ein Text, der von einer Person gesprochen und auf CD oder DVD gespeichert wurde.
4. 1. sich enorm ins Zeug legen   2. zu Recht erhaltene Anerkennung   3. eingebildet schmunzeln
4. mit arglosem Gesichtsausdruck   5. sich nicht ablenken lassen   6. nachdenklich schauen
7. würdevoll übergeben   8. aufgekratzt mitteilen
6. Reihenfolge: A/b: loben   B/m: alarmieren   C/h: beeilen   D/j: erschrecken   E/e: überreden
F/i: herausfordern   G/f: ermahnen   H/a: konzentrieren   I/c: auffordern   J/n: jammern   K/d: feiern
L/g: rätseln   M/o: informieren   N/l: fordern   O/k: belehren

17 Die Neue
1. ① Die erste Kurzfassung stimmt.
2. b) ~~Deutschunterricht~~   f) ~~Wettbewerb~~   i) ~~Ferien~~   l) ~~Heft~~
3. a) Schülerzeitung   b)Vollbracht   c) die Bücher der Bibliothek in Listen eintragen   d) Cocky
4. A) verfassen/aufschreiben   B) deklamieren/vortragen   C) zögern/zaudern
D) seufzen/stöhnen   E) schimmern/glänzen   F) schätzen/vermuten   G) innehalten/abbrechen
G) starren/stieren   I) konsequent/planmäßig   J) perspektivisch/räumlich   K) erbost/verärgert
L) eifrig/beflissen   M) verlegen/betreten   N) überrascht/verwundert   O) traurig/schwermütig
P) betroffen/bestürzt
5. z. B. a) schallendes Gelächter/dröhnendes Lachen – b) schadenfrohes Grinsen/hämisches Feixen

18 Unter Verdacht
1. Jasper – Manni – Ronny – Beppo – Hausmeister – Schulleiterin
2. z. B.: Ein Sprayer ist jemand, der Wände mit Farbe besprüht.
4. Richtig: B: Im Fahrradschuppen finden sie eine Spraydose.   D: Der Hausmeister schnappt die Beiden und bringt sie zur Schulleiterin.   E: Er behauptet, Jasper und Manni hätten die Wand im Schuppen beschmiert.   F: Jasper und Manni beschließen, den wahren Täter selbst zu finden.
G: Sie verstecken sich im Abstellraum des Fahrradschuppens.   I: Plötzlich taucht ein Vermummter mit einer Spraydose auf.   K: Beppo versucht, Ronny zu warnen.   M: Ronny und Beppo müssen schließlich alles zugeben.   N: Zum Schluss entschuldigt sich Herr Fenner bei Jasper und Manni. Falsch: A, C, H, J, L
6. A/b: bücken/sich aufrichten   B/e: greifen/loslassen   C/d: aufheben/hinlegen
D/a: verteidigen/anklagen   E/c: vergessen/sich merken   F/g: mürrisch/freundlich
G/i: aufgeregt/entspannt   H/h: verzweifelt/gelassen   I/j: hilflos/souverän
J/f: vorwurfsvoll/tolerant
7. z. B.: a) brüllen/flüstern   b) sprechen/schweigen   c) geben/nehmen   d) lachen/weinen
e) beginnen/beenden   f) weich/hart   g) kräftig/schwach   h) tief/hoch   i) froh/traurig
j) streng/milde
8. Jasper und Manni werden zu Unrecht verdächtigt, eine Wand beschmiert zu haben.
➝ Geteiltes Leid ist halbes Leid.
Manni macht Jasper Mut und schlägt ihm vor, selbst herauszufinden, wer der Täter ist.
➝ Ein Freund in der Not ist in der Tat ein Freund.
Ronny behauptet, er wolle nur sein Fahrrad holen, doch er steht neben Mannis Fahrrad.
➝ Lügen haben kurze Beine.
Als die Täter gestanden haben, lächeln sich Jasper und Manni zufrieden an.
➝ Wer zuletzt lacht, lacht am besten.
Als Ronny den beiden Freunden drohen will, greift Manni ihn sofort an.
➝ Angriff ist die beste Verteidigung.
Am Schluss sind die beiden Freunde froh, dass alles so gut ausgegangen ist.
➝ Ende gut, alles gut.

F. Zeitz: Leseförderung mit Erzähltexten aus dem Schüleralltag
© Persen Verlag

Lösungen zu den Rästelfragen

1 Jule taucht unter

936 x 1,50 € = 1404 €   1404 € − 299 € = 1105 € bleiben für die Patenschule

2 Jaspers schwerer Gang

Jasper muss täglich mindestens 18 Seiten lesen, wenn er das Buch in 7 Tagen durchgelesen haben will.

3 Rache ist salzig

Jasper hat Jule fest auf den Rücken geschlagen, um den Zettel anzukleben.

4 Ferien mit der Tonne

Beispiel: Zur Zeit kostet 1 Liter Super-Benzin 1,28 €
10 Liter (100 km): = 12,80 €   /   15 Liter (150 km): 19,20 €

5 Jagd auf einen Panther

Das Doppelte von null ist null!

6 Die Gehirnzellen werden trainiert

1. Jedes Wort rückwärts gelesen: IM BÜCHERREGAL
2. Zahlen stehen für das Alphabet: HINTER DEM VORHANG
3. Jeder zweite Buchstabe zählt nicht: UNTER DEM TEPPICH

7 Das Bernsteinopfer

Jasper hat die Uhr im Spiegel gesehen und angenommen, es sei fünf Minuten nach zwölf Uhr.
In Wirklichkeit war es aber erst fünf Minuten vor zwölf Uhr.

8 Auf die Plätze – fertig – los!

Reihenfolge: 1. Sergej / 2. Jule / 3. Susi / 4. Leon / 5. Jasper / 6. Rike / 7. Manni / 8. Lara / 9. Saskia / 10. Till

9 Ein Dieb wird gesucht

Wenn Beppo behauptet, dass er schon nicht mehr auf dem Flohmarkt war, als Rikes Tisch zusammengebrochen ist, kann er auch nicht mitbekommen haben, was Rikes Hund angestellt hat.

10 Das weiße Kleid

Der Großvater gibt jedem 20,48 € + 2 Cent = 20,50 €

11 Mädchen-Power

Es sind 14 Mädchen und 12 Jungen.

12 Wiedergutmachung

4 Pfähle für die Ecken + (4 x 3) Zaunpfähle = 4 + 12 = 16 Pfähle

13 Jasper in Not

12.49 Uhr bis 13.15 Uhr = 26 Minuten

14 Wetten?

1 Cent + 2 Cent + 5 Cent + 10 Cent + 20 Cent + 50 Cent + 1 Euro + 2 Euro = 3,88 Euro
Zur Zeit hat die EU 27 Mitgliedsstaaten. Davon haben 15 Staaten die Euro-Währung: Belgien, Deutschland, Finnland, Frankreich, Griechenland, Irland, Italien, Luxemburg, Malta, Niederlande, Österreich, Portugal, Slowenien, Spanien, Zypern. Für 2009 ist vorgesehen: Slowakei.
Für 2014 ist vorgesehen: Rumänien.
Ohne Termin: Bulgarien, Estland, Lettland, Litauen, Polen, Tschechien, Ungarn, Schweden.
Dänemark und Großbritannien brauchen auf Grund einer Klausel im Maastricht-Vertrag den Euro nicht einzuführen.

15 Unfreiwilliges Fitnessprogramm

490 m + 150 m + 150 m + 260 m + 260 m + 330 m + 330 m + 260 m + 260 m + 490 m + 490 m + 330 m + 430 m = 4230 m = 4,230 km

16 Zähne putzen zahlt sich aus

4 x 5,85 € = 23,40 €,
25,00 € − 23,40 € = 1,60 €
Sie kaufen 4 Hörbücher und für 1,60 € Süßigkeiten.

17 Die Neue

600 : 2 = 300   Jeder müsste 300 Bücher in 3 Stunden eintragen: 100 Bücher pro Stunde.
Mit Annika: 600 : 3 = 200   Jetzt muss jeder nur 200 Bücher eintragen.
Also brauchen sie zu dritt nur 2 Stunden.

18 Unter Verdacht

Manni hat in der Aufregung vergessen, die Vorwahl zu wählen.

F. Zeitz: Leseförderung mit Erzähltexten aus dem Schüleralltag
© Persen Verlag